« DES PHOQUES AUX COCOTIERS ET AUX SERPENTS À SONNETTE »

L'Amérique en auto

Dans la même collection :

Beaumarchais
« Quand on a le bonheur d'aimer, tout le reste est vil sur la terre »
Lettres d'amour à Amélie Houret de La Morinaie

Henri IV
« J'ai tellement envie de vous »
Lettres d'amour 1585-1610

Isabelle de Bourbon-Parme
« Je meurs d'amour pour toi... »
Lettres à l'archiduchesse Marie-Christine (1760-1763)
Édition établie par Élisabeth Badinter

Gustave Flaubert et Maxime Du Camp
« Nous allions à l'aventure, par les champs et par les grèves »
Un voyage en Bretagne (extraits)

Benjamin Franklin
« L'Art de choisir sa maîtresse »
et autres conseils indispensables

Guy de Maupassant
« Cette brume de la mer me caressait comme un bonheur »
Chroniques méditerranéennes

Princesse de Metternich
« Je ne suis pas jolie, je suis pire »
Souvenirs 1859-1871

Raymond Rallier du Baty
« On peut aller loin avec des cœurs volontaires »
Aventures aux Kerguelen

« Je jure au marquis de Sade, mon amant
de n'être jamais qu'à lui... »

Duc de Saint-Simon
« Cette pute me fera mourir »
Intrigues et passions à la cour de Louis XIV

Georges Simenon
« Marins pour rire, marins quand même »
Simenon en bateau

GEORGES SIMENON

« Des phoques aux cocotiers et aux serpents à sonnette »

L'Amérique en auto

LE LIVRE DE POCHE
La lettre et la plume

ISBN : 978-2-253-16379-4 – 1re publication LGF

Préface

Publié dans *France-Soir* entre le 5 et le 22 novembre 1946, « L'Amérique en auto » est le dernier grand reportage écrit par Georges Simenon. Avec lui se clôt un cycle d'écriture entamé en 1931 avec « Escales nordiques [1] » et « Une France inconnue ou l'aventure entre deux berges [2] ». Singulièrement, et comme pour mieux boucler la boucle, l'auteur y renoue avec l'humeur, le ton et la méthode qui caractérisaient ces premiers articles. Loin des prophéties angoissées et amères auxquelles aboutissaient les enquêtes sur la colonisation africaine, sur l'Europe en crise ou sur le « monde malade [3] »,

---

1. Publié en douze livraisons dans *Le Petit Journal*, du 1er au 12 mars 1931.

2. Paru en une livraison dans l'hebdomadaire *Vu*, n° 172 du 1er juillet 1931.

3. On pense évidemment ici à ces grands reportages que Simenon publie au cœur des années 1930 et dans lesquels ses inquiétudes politiques apparaissent avec beaucoup d'évidence : « L'heure du nègre » en 1932, à « Europe 33 » en 1933, « Peuples qui ont faim » en 1934, « Histoires du monde malade » en 1935 ou encore « Au chevet du monde malade » en 1945. Ces texte et cette période sont évoqués en détail dans

Simenon retrouve ici une curiosité joyeuse et primesautière, un sens de l'observation et un goût du détail anodin qui, s'ils lui permettent de pointer les travers et les ridicules, restent toujours empreints d'une véritable tendresse. Ainsi qu'il le fit lors de son tour de France par les canaux de 1928, Simenon part à la découverte de l'Amérique sans idée préconçue ni plan préétabli. La voiture a certes remplacé le bateau, et le canal ou le fleuve ont cédé la place à la route américaine, mais la méthode reste la même : découvrir un nouvel univers en se laissant conduire par la seule logique du périple, adopter le rythme exigé par le voyage, laisser le pays venir à soi plutôt que de provoquer la rencontre. Ne rien forcer donc, mais être disponible et curieux de tout, et principalement de tout ce qui s'éloigne du sensationnel, du spectaculaire ou de l'attendu. De la même manière que la navigation sur les canaux et rivières lui avait permis d'entrer en contact avec la France provinciale, modeste et populaire, l'auto l'a mené à la rencontre de « L'Amérique de M. Tout-le-Monde », pour reprendre le titre sous lequel est paru ce reportage dans *France-Soir*. Car Simenon, l'habitué des palaces, l'amateur d'un luxe parfois tapageur, l'homme des fêtes parisiennes, a aussi un besoin fondamental de se retremper dans la simplicité et l'authenticité de la vie commune, où il retrouve le sens de ses origines comme le meilleur de son inspiration littéraire.

---

la préface du volume *« Marins pour rire, marins quand même ». Simenon en bateau*, Paris, Le Livre de Poche, 2013.

On peut d'ailleurs dire que c'est un Simenon réconcilié qui nous livre ainsi ses impressions américaines. Son arrivée à New York en octobre 1946 représente en effet pour lui le début d'une vie nouvelle à tous égards.

D'abord, il laisse derrière lui une Europe exsangue et ravagée par la guerre, et il quitte sans regret une France dégradée par quatre années d'occupation et en proie aux règlements de comptes de l'épuration. S'il a traversé ces années noires sans véritables difficultés matérielles, et en vivant plutôt mieux que la majorité de la population, il n'en reste pas moins qu'il accueille avec un soulagement non dissimulé la prospérité américaine, qui contraste si fortement avec la situation de pénurie généralisée qui est celle de l'Europe. Mais il y a surtout les séquelles morales de la période d'occupation, cette ambiance délétère que l'adolescent Simenon avait déjà connue à Liège lors de la Première Guerre : le règne de la débrouille et du marché noir, un climat de suspicion et de menace, l'estompement des valeurs qui en résulte. Replié en Vendée pendant toute la durée du conflit, Simenon a éprouvé concrètement les effets de cette atmosphère obsidionale : après avoir été désigné comme juif par une dénonciation anonyme en 1942 et avoir fait l'objet d'une enquête administrative poussée, il est à la Libération soupçonné de collaboration par la résistance locale et subira de l'été 1944 au mois d'avril 1945 une mesure d'internement administratif aux Sables-d'Olonne. Il sera certes blanchi, mais il conservera de cet épisode une aigreur et une inquiétude qui ne sont pas étrangères à son installation en Amérique du Nord. D'autant qu'il apprendra par la suite que le Comité d'épuration des gens de lettres avait ouvert une instruction contre lui, visant les contrats d'adaptation cinématographique qu'il avait passés en 1941 et 1942 avec la Continental, société allemande de droit français. L'affaire ne s'achèvera qu'en 1949 : après avoir été d'abord condamné, il obtiendra gain de cause en appel et rentrera en possession de ses droits sur le personnage de Maigret, placé jusque-là sous séquestre. En traversant l'Atlantique, Simenon clôt ainsi une période de sa vie, entamée dans les années trente avec ses premiers succès littéraires et dont il avouera plus tard avoir conservé un goût amer[4].

Professionnellement, c'est aussi une page qui se tourne pour le romancier. Son arrivée en Amérique du Nord est pour lui l'occasion d'une refonte totale des modes d'administration de son œuvre, déjà considérable à cette époque. Introduit dans les milieux littéraires et éditoriaux new-yorkais par le critique et professeur de littérature française Justin O'Brien, rencontré à Paris par l'intermédiaire d'André Gide, Simenon passe de nouveaux contrats

---

4. « Il y a une période de ma vie, une partie de ce qu'on appelle les années 30, dont je garde un mauvais souvenir et même un arrière-goût dans la bouche. Pourtant, en apparence, ça a été les années les plus brillantes et la plupart des gens en auraient été enchantés » (Georges Simenon, *Un homme comme un autre* [1975], *Tout Simenon* 26, Paris, Omnibus, 1993, p. 484).

d'édition et de traduction et adopte un mode de gestion de ses droits « à l'américaine », aidé en cela par Maximilien Becker, qu'il a pris comme agent. Rapidement célébré comme un maître du *detective novel*, il rencontre aux États-Unis une conception de la culture conforme à ses propres aspirations, notamment en ce qu'elle ne repose pas, comme en France, sur l'opposition de l'art et de l'argent, sur l'incompatibilité de la valeur esthétique de l'œuvre et de sa rentabilité commerciale. Installé en Amérique, Simenon assume désormais sans fard sa volonté d'écrire une littérature de qualité pour le grand public, caractéristique qui lui valait précisément un discrédit tenace dans le milieu littéraire français.

C'est dans ce contexte qu'interviendra sa rupture définitive avec Gallimard, qui l'éditait en France depuis 1934. Les relations avec l'éditeur de la *Nrf* étaient en effet tendues depuis plusieurs années, Simenon s'opposant régulièrement à lui sur des questions de répartition des droits, mais lui reprochant plus fondamentalement de ne pas lui avoir apporté la légitimité littéraire plénière qu'il espérait obtenir en ralliant la plus prestigieuse des maisons d'édition françaises. À la fin de l'année 1944, Simenon avait rencontré Sven Nielsen, un jeune éditeur d'origine danoise qui venait de fonder les Presses de la Cité : dès 1945, il lui avait confié la première version de son autobiographie, que Gallimard était peu enclin à publier et qui sortira finalement sous le titre de *Je me souviens*… Dans les années suivantes, il donnera encore quelques titres à Gallimard, mais la majorité de ses nouveaux romans paraîtront aux Presses de la Cité, jusqu'à la publication de *Pedigree* en 1948, qui scellera définitivement la rupture avec la rue Sébastien-Bottin. Avec Nielsen, qui deviendra son ami, Simenon trouvera un partenaire éditorial plus qu'un éditeur au sens classique du terme : bénéficiant d'un statut privilégié au sein de cette jeune maison aux ambitions commerciales affichées, le « père de Maigret » y conservera aussi une liberté totale dans l'administration de son œuvre et en particulier dans la gestion des droits étrangers et d'adaptation, ce qu'il n'avait jamais pu obtenir de Gallimard. Jusqu'à la fin de sa carrière, Simenon restera fidèle aux Presses de la Cité et à un mode de production régulier d'environ quatre romans par an, alternant *Maigret* et romans dits « durs ».

Mais les changements affectent aussi sa vie privée. Le couple qu'il forme avec sa femme Tigy depuis le début des années vingt est en effet en bout de course, malgré la naissance de leur fils Marc en 1939. Dans ses *Mémoires intimes*, Simenon confiera que les deux partenaires s'étaient rendu leur liberté pendant l'occupation, lorsque Tigy l'avait surpris avec Boule, leur fidèle servante. Au moment où la famille embarque à Southampton pour rejoindre l'Amérique, Simenon et sa femme restent certes unis par une affection profonde et des liens d'estime réciproque, mais leur histoire d'amour est en passe de s'achever. Et le processus se concrétisera dès le mois de novembre 1945 : alors qu'il est installé au Québec, Simenon séjourne pour affaires à New

York. Il recherche notamment une secrétaire bilingue capable de l'épauler dans son entreprise. On lui présente Denyse Ouimet, une jeune femme de vingt-cinq ans originaire d'Ottawa. Le coup de foudre est immédiat. Si le romancier pressent déjà dans *Trois Chambres à Manhattan* (1946) et *Lettre à mon juge* (1947) les dérives et les excès auxquels conduira cette passion destructrice, l'homme est quant à lui tout à la découverte de cet amour intense et inédit. La jeune femme retourne dès lors avec lui au Québec, et s'inaugure ainsi un étrange ménage à trois dans lequel elle aura le titre officiel de secrétaire jusqu'au divorce d'avec Tigy en 1950, suivi immédiatement du remariage avec Denyse (le premier enfant du couple, John, était né en 1949).

C'est dans cette configuration peu conventionnelle que Georges Simenon quitte en septembre 1946 la propriété de Glengary House à Saint Andrews dans le New Brunswick, où il s'était installé en mai. Il se lance dans un périple automobile au long de la route n° 1, périple de près de cinq mille kilomètres qui le conduira du Maine à la Floride, où il résidera de novembre 1946 à août 1947 (sur Anna Maria Island, à Bradenton Beach, dans le bungalow Coral Sands). L'équipage se compose de deux voitures, qui ne suivront pas constamment le même itinéraire : dans la première se trouvent Simenon, Denyse et Marc ; dans la seconde, Tigy et l'institutrice privée du garçon. C'est ce parcours de découverte, à la fois enthousiaste et lucide, qui nous est donné à lire dans « L'Amérique en auto », et il n'y a guère de doute que l'intercession de Denyse aura été déterminante pour Simenon : parfaitement bilingue et totalement familière avec la société américaine, elle a incontestablement permis à l'auteur d'en saisir très rapidement les codes et les usages. Les effets en sont d'ailleurs très sensibles dans les articles : le reporter Simenon y prend la posture d'un médiateur, expliquant avec beaucoup de naturel au lecteur français les singularités de la vie quotidienne américaine, à la manière d'un homme qui, s'il se souvient encore d'avoir pu être dérouté ou surpris, s'est déjà parfaitement accoutumé à ce nouvel univers.

Il faut dire que, jusque-là, Simenon ne connaissait guère des États-Unis que la ville de New York. Il y avait fait escale une première fois en 1935 lors de son « tour du monde en 155 jours » et il y avait séjourné environ un mois lors de son arrivée en Amérique du Nord en octobre 1945. Autant dire donc qu'il ne connaissait guère la réalité américaine et qu'il partageait surtout à son sujet les préjugés les plus répandus dans la société française d'avant-guerre. Dans ses reportages des années trente, on retrouvait en effet des images et des considérations qui n'étaient pas très éloignées de celles d'un Georges Duhamel dans *Scènes de la vie future* (1930) ou d'un Hergé dans *Tintin en Amérique* (1932), voire d'un Céline dans *Voyage au bout de la nuit* (1932) : animée par un hygiénisme obsédant, la société américaine y apparaît comme fondée sur un rationalisme déshumanisé, pratiquant le machinisme à outrance, soumettant toute chose à la standardisation au point de créer une massification des comportements et des mœurs… En 1945, au moment où il arrive à New York, Simenon se moquera de tous ces discours :

> Vous souvenez-vous de ces reportages d'avant-guerre, parfois signés d'académiciens, où l'on voyait un peuple aller, non pas au restaurant, mais à la mangeoire, commander, non pas tel ou tel plat, mais telle quantité de vitamines ?
>
> Vous souvenez-vous de ces couples qu'on nous décrivait ne se livrant aux douceurs du baiser qu'à travers je ne sais quel appareil désinfectant [5] ?

Tous les stéréotypes sur lesquels il ironise ici, l'auteur les avait pourtant endossés avec complaisance, cédant même à un antiaméricanisme qui avait profondément fait souche dans la société française de l'entre-deux-guerres. Comment, par exemple, prendre pour authentiques ces propos caricaturaux que le reporter prête à un Américain de fraîche date :

> — C'est la première fois que vous allez en Amérique ? Alors, vous allez savoir ce qu'on appelle la civilisation…
>
> — L'Europe est fichue. La France n'existe plus. Les Latins ont donné tout ce qu'ils avaient à donner et sont dégonflés comme des baudruches…

---

5. « Au chevet du monde malade » (1945), dans *Mes apprentissages. Reportages 1931-1946*, Paris, Omnibus, 2001, p. 607.

— Chez nous, une civilisation nouvelle est née de la science, de la standardisation, de la connaissance rationnelle des besoins de l'homme et de la mort de l'individualisme… Or, en France, vous êtes encore individualistes… Pourquoi pas cannibales ?… Et le gentleman glabre nous a expliqué que si c'était nécessaire de tuer froidement cent mille hommes, un million d'hommes pour le Progrès, il n'aurait pas une hésitation, ni lui, ni n'importe quel Yankee digne de ce nom.

Inutile de vous signaler qu'il mangeait du porridge à son petit déjeuner, des vitamines à midi, avec un peu de phosphore [6].

Chez le Simenon des années trente, l'antiaméricanisme n'a en effet d'égal que l'anticommunisme. États-Unis et URSS représentent pour lui les deux incarnations inquiétantes d'une modernité déshumanisée et monstrueuse. Ces deux puissances alors en pleine expansion lui apparaissent comme des menaces pour la vieille Europe, ses traditions, ses valeurs et son art de vivre. S'il consacrera à l'URSS une large part de son reportage « Peuples qui ont faim », démontant les mensonges de la propagande communiste et dénonçant tant la famine qui sévissait dans le pays que le climat de terreur qu'y faisait régner Staline, Simenon n'évoque, dans ses articles, les États-Unis que par allusions et anecdotes. Mais leur récurrence est significative et l'Amérique, dont le reporter rencontre l'image aux quatre coins du monde, prend essentiellement trois visages : celui du

6. « Histoires du monde malade » (1935), *op. cit.*, p. 550.

touriste naïf et présomptueux, qui pense que son argent lui permet de tout acheter et tombe dans tous les pièges tendus aux visiteurs ; celui du cinéma hollywoodien, avec son sentimentalisme sirupeux et sa représentation mensongère de la réalité ; celui de l'homme d'affaires cynique, qui se comporte face aux autres peuples comme un jeune garçon arrogant et dépourvu de compassion. Et toujours, au bout de ces anecdotes, pointe l'image horrifiante d'une violence aseptisée et rationnelle :

> — À New York, affirme-t-il, nous ne faisons de concessions à personne. Vous vous en apercevrez dès que la statue de la Liberté sera en vue. Et il faudra bien que vous vous expliquiez en anglais avec la police, la douane, l'émigration, les hôteliers et les chauffeurs de taxi…
>
> — Charmant !
>
> — Très naturel ! Nous ne nous embarrassons ni de politesse, ni de sentimentalité. Tant mieux pour ceux qui s'adaptent. Tant pis pour les autres !
>
> Et, très content de lui, très dédaigneux pour les échantillons des races secondaires réunis autour de lui, il continua :
>
> — Il existe un mot qui résume l'Amérique. On demandait à un grand homme de chez nous ce qu'il était possible de faire pour un pays pauvre. Voici sa réponse textuelle :
>
> — Ou bien lui donner tout juste de quoi ne pas mourir ; ou bien, ce qui est plus sûr et plus rationnel, lui prendre ce qu'il lui reste et le laisser crever [7].

---

7. « En marge des méridiens » (1935), *op. cit.*, p. 490-491.

Cette vision tout idéologique d'une Amérique technicisée et conquérante, Simenon va cependant la réviser dès son arrivée sur le continent nord-américain. Les quelques livraisons qu'il consacre à New York dans la série « Au chevet du monde malade » se donnent comme une critique sans ambiguïté de son antiaméricanisme des années trente et célèbrent au contraire la prospérité américaine, opposant avec un lyrisme qui sonne singulièrement juste la richesse des États-Unis et la misère de l'Europe dévastée :

> Vous [les Américains] faisiez la guerre admirablement, mais, si je puis me permettre ce mot, vous la faisiez dans cette sorte d'allégresse que donne la certitude de sa force. Vous aviez le spectacle de vos soldats magnifiquement armés défilant dans vos rues, de vos usines marchant à plein rendement, de vos films, de tout un peuple allant de l'avant avec la volonté de vaincre.
>
> Nous, pendant ce temps, vivions dans un monde souterrain. Il n'y avait pas seulement l'Allemand, la Gestapo, la menace perpétuelle de la déportation, la crainte d'une maladresse ou d'une dénonciation, il y avait la pauvreté, il y avait la faim […] [8].

Sur un mode beaucoup moins tragique, « L'Amérique en auto » poursuit dans cette veine : tous les traits de la modernité américaine, depuis la standardisation et la rationalisation jusqu'à

---

8. « Au chevet du monde malade » (1945), *op. cit.*, p. 596-597.

l'hygiénisme, s'y trouvent repris, mais présentés cette fois sous un jour positif. Dans le dispositif textuel, il est d'ailleurs piquant de remarquer que Simenon utilise le personnage de sa femme Tigy, toujours sceptique ou critique à l'encontre de la culture américaine, comme une manière de repoussoir qui lui permet, par contraste, de mettre en évidence sa propre conversion à l'*American way of life* : on ne saurait mieux indiquer qu'il y a d'un côté le passé et la vieille Europe, incarnés par Tigy, et de l'autre une vie et un monde nouveaux, représentés par Denyse et Georges.

Quelle est dès lors l'Amérique à la découverte de laquelle Simenon s'est ainsi lancé à l'automne 1946 ? Hergé avait envoyé Tintin en Amérique en 1931 pour lui faire rencontrer les Peaux-Rouges et combattre la pègre de Chicago. En 1945, Jean-Paul Sartre avait visité les États-Unis en accordant au problème racial une importance centrale dans les articles qu'il avait donnés au *Figaro* et à *Combat*. En lisant « L'Amérique en auto », il apparaît assez clairement que l'Amérique qu'idéalise Simenon est celle du vieux Sud, telle que l'a clichée le film *Autant en emporte le vent*, sorti sur les écrans en 1939. Une telle prédilection n'est pas sans rappeler les obsessions du voyageur du milieu des années trente : en traversant la Virginie, les Caroline du Nord et du Sud ou la Géorgie, Simenon observe une Amérique qui résiste à la modernisation et au productivisme, qui conserve ses traditions et qui manifeste dans ses manières une forme d'aristocratisme qui rappelle la vieille

Europe. Mais les États sudistes sont aussi ceux de l'esclavagisme et ceux où se pose avec une particulière violence la question raciale qui obsédait Sartre : les quelques paragraphes où Simenon évoque la ségrégation ou l'utilisation du terme *coloured* plutôt que celui de « nègre » restent ambigus par leur détachement et contrastent avec le portrait flatteur donné des vieux Blancs du Sud.

Mais disons-le nettement : à la lecture de l'ensemble du reportage, on s'assure assez rapidement qu'il ne s'agit guère là que de scories idéologiques, ce qu'il reste en quelque sorte de la vieille peau du Simenon d'avant-guerre. À l'évidence, ce que l'auteur découvre aux États-Unis est d'une tout autre nature : dans ce pays de classes moyennes – ce vaste groupe social que Simenon aimait à appeler les « petites gens » et auquel il se sentait appartenir –, il perçoit avec beaucoup d'acuité que s'invente une culture nouvelle, qui est vouée à imprimer sa marque sur le monde[9]. La civilisation de la voiture, la société de consommation et de services, l'importance du bien-être et de l'équipement, les formes nouvelles du loisir et de

9. Sur ce point, on renverra le lecteur au livre de Michel Carly, *Sur les routes américaines avec Simenon* (Paris, Omnibus, coll. « Carnets », 2002) : prenant en considération tant la biographie de l'auteur que ses romans et reportages américains, Carly montre combien « l'Amérique de Simenon » est précisément celle qui est en train d'imposer une nouvelle mythologie moderne où se conjuguent automobile et délinquance juvénile, civilisation du loisir et révolte rock.

la culture de masse comme l'omniprésence de la publicité, tous ces traits qui constituent aujourd'hui notre quotidien et peuvent nous apparaître d'une grande banalité, Simenon les découvre à un moment où ils ne sont guère familiers à l'observateur européen. Et surtout, il en perçoit d'emblée la cohérence, l'intérêt et la puissance. Car une idée revient à plusieurs reprises sous la plume de Simenon et mérite d'être relevée. Elle dit à peu près ceci : on peut déplorer le nivellement par le bas que représente la standardisation ou la massification, mais, s'il y a une chose qu'on ne peut contester, c'est qu'aux États-Unis, le progrès et la prospérité bénéficient à tous et à chacun ; la nourriture servie dans les cafétérias n'a peut-être pas la saveur de la bonne cuisine française, mais du moins est-elle saine et accessible à tous ; les grands hôtels américains n'ont peut-être pas le charme des palaces européens, mais ils accueillent tout le monde, sans distinction de rang ou de naissance. Pour Simenon, et aussi paradoxal que cela paraisse, l'individualisme américain représente en effet la seule forme acceptable d'égalitarisme, en ce qu'il repose sur le refus de la reproduction sociale et des privilèges de caste.

Simenon n'est certes pas naïf, et il perçoit bien qu'à côté de cette Amérique de la classe moyenne prospère il en existe une autre, miséreuse, qu'on prend bien soin de cacher : celle des hôtels miteux des banlieues des grandes villes, celle du Bronx ou de Brooklyn, que contournent soigneusement les autoroutes urbaines new-yorkaises, ou encore celle, apocalyptique, qui se révèle dans la région industrielle de Newark. Mais, dans un pays où « le citoyen n'est pas fait pour l'État, mais celui-ci pour le citoyen [10] », au moins le contrat est-il clair : chacun a sa chance et est libre de la saisir. Et, aux yeux de Simenon, il y a quelque chose de sain dans l'individualisme un peu rude des Américains :

> Voilà, je crois, la conception américaine. Des corps sains et vigoureux. Des connaissances techniques. Quelques vérités premières auxquelles on ne pensera plus et une confiance illimitée dans les destinées de l'homme, dans les destinées de l'Américain. [...] Au surplus, vous êtes libre, après tout ce qu'on vous a dit en classe, de vous révolter si cela vous plaît, si vous avez le cœur et la tête assez solides, et on vous applaudira sans rancune si vous devenez des Hemingway, des Steinbeck, des Dos Passos, des Caldwell. Vous n'êtes inférieur à personne. L'instruction vous aidera, certes, mais on vous apprend que Lincoln ne savait pas lire à vingt ans et qu'il en a été de même pour deux ou trois des Présidents les plus illustres des États-Unis.
>
> Donc, devenez d'abord un homme, un homme sans cauchemars, un homme qui n'a pas peur de son ombre et qui craint encore moins celle des autres. Tapez dur si on vous embête, mais soyez généreux. N'oubliez pas que chacun a le droit de penser autrement que vous et que la contradiction est salutaire, vivifiante, qu'une bonne bagarre, même s'il y a des

10. « L'Amérique en auto » (1946), dans ce volume p. 104.

bras cassés et des yeux au beurre noir, n'est pas une mauvaise chose parce qu'elle nous apprend à vivre [11].

Mise en rapport avec le Simenon d'avant-guerre, une formule ne peut manquer de frapper dans ce passage : « un homme sans cauchemars ». Car, en effet, l'Amérique a libéré l'auteur de ses hantises et de ses obsessions et, si « L'Amérique en auto » témoigne d'une chose, c'est avant tout de la conversion idéologique de l'auteur à un libéralisme auquel il ne dérogera plus par la suite et qui constituera le fond de son humanisme d'après-guerre : individualisme revendiqué, culte jaloux de la liberté, tolérance, droit de tous à la dignité, méfiance envers l'État, les groupes de tous types et, plus généralement, envers toutes les formes d'appartenance collective. On ne s'étonnera donc pas que le reportage s'achève sur un hommage vibrant à l'Amérique, terre d'immigration et patrie de la liberté :

> Il y a surtout une chose qui ne ment pas.
>
> C'est la statue de la Liberté [...]. [Une fois remplies les formalités de l'Immigration], vous jouirez dans le pays le plus vaste et le plus riche de la terre, d'une liberté que rien ne viendra plus entraver.
>
> [Et les nouveaux arrivants se sentent immédiatement Américains] Parce qu'ils ont goûté à un genre de vie qui, quoi qu'on en dise, tient compte plus qu'aucun autre de la dignité de l'homme.

---

11. *Ibid.*, p. 106-107.

> Parce qu'ils sont libres, vraiment libres, dans le sens le plus large du mot, libres de penser, de dire et d'écrire ce qu'ils veulent, libres de vivre comme ils veulent et que, par surcroît, tous les espoirs, y compris les plus fous, leur sont permis [12].

Bien sûr, par la suite et à mesure qu'il approfondira sa connaissance de la société américaine, Simenon déchantera : lui, le romancier fasciné par les parcours de déchéance, ne manquera pas de percevoir la violence qu'ils peuvent prendre aux États-Unis ; lui, l'individualiste forcené, mesurera bientôt le poids du groupe et le contrôle social qu'exerce la collectivité sur les personnes privées ; enfin et surtout, lui qui avait détesté les affrontements idéologiques de l'entre-deux-guerres ne supportera pas le déchaînement du maccarthysme des années 1953-1954, et cela explique en partie au moins son retour en Europe l'année suivante. Il n'en reste pas moins que la découverte des États-Unis inaugure la seconde vie de l'homme comme du romancier et qu'il suffit de lire « L'Amérique en auto » pour comprendre que ce voyage fut pour l'auteur comme un nouveau départ.

Benoît Denis
Directeur du Centre d'études Georges Simenon
de l'université de Liège

---

12. *Ibid.*, p. 147 et 149.

L'Amérique en auto
(1946)

1

Des phoques aux cocotiers et aux serpents à sonnette

Il y a quelques années, alors que j'habitais le plus souvent la campagne française, des journalistes venaient assez fréquemment m'interviewer et mon fils, qui avait un peu plus de trois ans, possédait un flair tout particulier pour les « détecter ».

— Mettez-moi vite ma salopette, courait-il dire à sa gouvernante. *Il a son appareil.*

Et de se précipiter ensuite dans la basse-cour, de saisir un dindon presque aussi grand que lui, sachant déjà que c'était la photo type, la photo pittoresque que les reporters réclamaient de lui.

Je me souviens encore du temps plus lointain où je passais le plus clair de mon temps à parcourir le monde. Arrivais-je à Istamboul, à Bombay, à Tahiti, je rencontrais invariablement, dès le débarquement, un de ces personnages délicieux qui semblent n'avoir d'autre fonction que de piloter les Français de passage.

— Au fait, la semaine dernière, nous *avions* Kessel… Huit jours avant j'ai conduit Montaron dans le petit bistrot où nous sommes passés tout à l'heure... Quelques jours plus tôt c'était Bringuier qui suivait de peu Titayna... Vous verrez... Ils ont tous signé dans le livre d'or de l'hôtel où vous êtes descendu...

Et, que nous le voulions ou non, nous suivions en somme le guide, les uns après les autres. On nous montrait la même chose, on nous faisait manger les mêmes plats nationaux, on nous présentait les mêmes femmes. En somme, le dindon de mon fils.

Voilà un peu plus d'un an que je suis arrivé en Amérique. Et, dès le début de mon séjour, *France-Soir* a publié quelques articles où j'avais résumé mes impressions. Je n'étais pas le premier à raconter ma « découverte de l'Amérique » et depuis d'autres l'ont fait : des journalistes, des écrivains, des conférenciers ont entrepris le même voyage, ont rencontré les mêmes gens, mangé aux mêmes tables des mêmes restaurants.

Aussi n'ai-je plus l'intention, aujourd'hui, de donner des impressions, de porter des jugements, de développer des idées plus ou moins péremptoires sur l'Amérique ou sur les Américains.

Je ne sais pas si vous êtes comme moi. Chaque fois que je lis une étude sur un pays que je ne connais pas, je me dis :

— Tout cela est fort intéressant. Mais comment est le vestibule, la cuisine, la salle à manger ? Qu'est-ce que les gens mangent à leur déjeuner ? À quoi ressemble le tramway qui les conduit à leur travail ?...

C'est peut-être naïveté de ma part, mais tous ces petits détails de la vie courante me manquent, le plus souvent, pour m'imaginer leur vie. Combien gagnent-ils ? Combien payent-ils un kilo de pommes de terre ou un verre de bière ?...

Or, après un an de vie aux États-Unis et au Canada, je viens d'avoir l'occasion de faire, en auto, à petites journées, la traversée des États-Unis du nord au sud. Trois mille milles environ, soit plus de cinq mille kilomètres. En partant, là-haut, du pays des phoques, du Maine où les campagnes sont couvertes de neige cinq mois par an, pour atteindre la Floride presque tropicale, où des cocotiers se balancent autour de ma maison tandis que j'écris ces lignes et où il y a peut-être des serpents à sonnette dans le jardin.

Ce n'est pas une exploration. C'est un voyage parfaitement banal que j'ai fait de la sorte. Et pourtant, c'est cela que je voudrais raconter, au jour le jour, sans littérature, tout simplement, parce que j'ai l'impression que cela pourrait donner une image familière d'un pays sur lequel il y a tant à dire que le sujet ne sera jamais épuisé.

Pour la première fois de ma vie, je me suis contraint à prendre des notes, y compris le prix de l'essence, d'un déjeuner ou d'une chambre. Et tant pis s'il y a des détails saugrenus ! Ce sont ceux que j'aurais aimé connaître si je n'étais pas venu ici.

Je vous présente même les personnages de la randonnée, afin de pouvoir vous parler plus familièrement. Deux autos. Dans l'une, une Oldsmobile à changement de vitesse automatique, ma femme et l'institutrice de mon fils. Cette auto-là, nous ne la verrons presque jamais parce que ma femme s'obstine à conduire à soixante milles à l'heure, ce qui représente environ cent dix kilomètres. Dans l'autre, une plus modeste Chevrolet, ma secrétaire, qui est canadienne française (cela aura son importance par la suite), mon fils, qui a maintenant sept ans, et moi.

Les deux autos, bien entendu, ont été achetées au marché noir. Toutes les autos, ou à peu près, que ce soit au Canada ou aux États-Unis, s'achètent au marché noir. Une bonne voiture de seconde main, comme on dit ici pour les autos d'occasion, vaut théoriquement mille dollars environ. On vous remet un reçu de cette somme et vous en versez deux mille. La France n'a pas inventé le dessous de table.

Comme nous aurons souvent à parler de dollars, nous allons simplifier en mettant celui-ci à cent francs, alors que le cours officiel est un peu plus élevé et que le cours noir est du double.

Soit une Chevrolet de trois ans d'âge : deux cent mille francs environ. Une Oldsmobile huit cylindres : deux cent cinquante mille.

Maintenant, si vous tenez à avoir une voiture neuve et si vous avez à la fois de l'astuce, de la patience et le mépris du gendarme, ce qui est plus dangereux que chez nous, vous pouvez trouver à acheter une « priorité », c'est-à-dire un bon d'achat en priorité que l'on distribue aux anciens combattants, aux médecins et à certains personnages importants. Huit dixièmes environ des bons de priorité sont ainsi revendus sur le marché noir. À mille dollars le bon, l'un dans l'autre, ce qui vous met la Ford neuve à deux cent cinquante mille francs et une voiture de grande marque dans les quatre à cinq cent mille.

Comme des grèves retardent sans cesse l'afflux attendu des nouvelles voitures, le prix des « priorités » et des autos de seconde main monte de jour en jour. Et, chose curieuse, les vieilles voitures en très bon état commencent à faire prime, parce qu'elles sont construites, affirment les connaisseurs, en meilleurs matériaux que les neuves.

T.S.F. à bord, bien entendu. On n'imagine pas ici une maison sans radio, une auto sans radio, un magasin sans radio. Et cela marche toute la journée, partout, à tous les étages et sur toutes les routes.

Nous partons de bon matin : c'est la T.S.F. qui nous salue, sur un ton enjoué. Cela donne à peu près ceci :

— *Good morning*... Alors, j'espère que vous avez passé une bonne nuit ?... N'oubliez pas qu'il est sept heures trente minutes exactement et que vous avez maintenant droit à votre *breakfast*... Oui, sept heures trente... juste le temps, mesdames, de préparer le café X... qui dissipera la mauvaise humeur matinale de votre mari... Ce n'est pas une gueule de bois, au moins ?... Allons, courage !... La bonne odeur du café X... vous parviendra, messieurs, jusque dans la salle de bains où, si vous êtes un homme soucieux de votre bonne apparence, vous vous rasez en ce moment avec la crème à barbe Y... Car il est temps de se raser... Il est maintenant sept heures trente-deux minutes et vous ne devez pas rater votre autobus de huit heures quinze... Si vous êtes encore au lit, dépêchez-vous... Vous aurez juste le temps d'avaler la céréale Z... la plus « efficiente » des céréales, spécialement vitaminée pour vous donner le maximum d'« efficience »... Allons ! Allons ! Un peu de cran... Et pour vous mettre en joie l'orchestre de la station va vous jouer la populaire ballade : « *Oh what a beautiful morning* »... Le plus extraordinaire, c'est que dans les cuisines, dans les salles de bains... Mais oui, le café X... la crème à barbe Y... les céréales Z... Le monsieur qui se presse...

Nos deux voitures sont arrêtées au poste frontière de Calais, à l'extrême nord des États-Unis. D'autres autos trépident devant et derrière nous et dans chacune la radio joue *Oh what a beautiful morning* cependant que nous passons tour à tour dans les bureaux clairs et confortables de l'Immigration.

— Canadiens ?

— Non, Français...

— Ah ! Paris...

Clin d'œil rituel. Ils y sont tous allés, les vieux à l'autre guerre, les jeunes à celle-ci. Tout le long du chemin ce sera, au mot « Paris », le même air de complicité joyeuse, même avec les serviteurs noirs de la Virginie et de la Géorgie. Ce qui vexe ma Canadienne de secrétaire, trop proche voisine, qu'on aurait plutôt tendance à traiter en parente pauvre.

Combien allais-je en voir, des fonctionnaires, s'interrompre de remplir leurs formulaires pour extraire de leur portefeuille et me tendre avec orgueil leur photo au pied de l'Arc de Triomphe ou devant le château de Versailles ! En route !

2

Route n° 1 : hot-dogs, ice-creams, Coca-Cola et tourist-rooms…

Nous sommes sur la route n° 1, qui va de la petite ville de Calais, au nord du Maine, jusqu'à Miami, en suivant la côte de l'Atlantique et en traversant des villes comme Boston, New York, Philadelphie, Baltimore, Washington, etc. Il en sera peut-être d'elle comme de ces fleuves qui ont l'air de rien à leur source et qui acquièrent leur majesté en chemin. En tout cas, pour le moment, la route n° 1 ressemble trait pour trait à une de nos plus mauvaises routes départementales – et encore, à une de nos routes départementales tout de suite après la guerre, dans un département pauvre et éprouvé. Pas plus large. Bombée. Nids-de-poule. Revêtement écaillé presque partout. Une différence, pourtant : ici, il n'y a pas de place pour les piétons. Il est vrai que je n'ai pas vu de piétons. On ne rencontre pas, non plus, sur les chemins, d'enfants qui se rendent à l'école. Un *school-bus* (autobus d'école) les ramasse à domicile et les ramène au bercail. Quant à ceux qui ont envie de marcher, de se servir de temps en temps de leurs jambes, j'ignore comment ils font, à moins de se rendre – en voiture, naturellement – à la grande ville la plus proche et de se promener sur les trottoirs.

Autre originalité des routes américaines : l'absence à peu près totale de poteaux indicateurs. De loin en loin, à des distances considérables, un écriteau grand comme une carte de visite vous confirme que vous êtes toujours sur la route n° 1, ou bien une flèche minuscule vous conseille de tourner à gauche.

Une voiture tous les cent mètres environ. On se suit en cortège, dans les deux sens. Ce qui vous met bientôt un bourdonnement abrutissant dans les oreilles. Par bonheur, en général, elles ne vont pas vite. Les Américains aiment les voitures puissantes, mais roulent en moyenne à quarante milles à l'heure, soit soixante-cinq à soixante-dix kilomètres. C'est la vitesse permise sur la plupart des routes.

Plus exactement, les Américains roulent lentement, ce qui veut dire qu'ils sont à jeun. Ou ils roulent à tombeau ouvert, ce qui signifie qu'ils ont bu.

Première pompe à essence. Trois ou quatre pompes côte à côte. Différentes qualités…

L'essence de luxe coûte dix-neuf *cents* le gallon. Mettons quatre francs cinquante le litre. Automatiquement, on vous fait le plein d'eau, on vérifie votre niveau d'huile et on nettoie vos vitres à l'aide d'un joli vaporisateur. Dans la pimpante cabine en bois, derrière le poste, vous trouvez des W.C., du Coca-Cola, des *ice-creams*, des chocolats aux noix et toute une série de bonbons qui, sous des étiquettes diverses, sous les apparences les plus contradictoires, ont un goût identique : celui de pâte dentifrice. Ce n'est d'ailleurs pas mauvais. On s'y habitue. Et c'est garanti fabriqué avec des produits de premier choix. Bourré de vitamines par surcroît.

Quelqu'un a écrit avant moi, mais j'ai oublié son nom, que le Français qui fait bâtir une maison commence par l'entourer de murs couronnés de tessons de bouteilles, l'Anglais par l'encadrer de haies vives et l'Américain par semer du gazon autour. C'est exact. Même dans les villes, les maisons sont ceinturées de gazon et rien d'autre ne les sépare des voisins ou du trottoir, de sorte que l'on a toujours l'impression de circuler dans un parc. L'illusion est d'autant plus facile que les maisons elles-mêmes ressemblent davantage à des jouets qu'à de vraies maisons.

Ici, elles sont en bois, peintes en blanc, avec des toits rouges, verts ou bleus. Tout est neuf. Tout donne l'impression de sortir du magasin ou mieux encore du catalogue. Devant la maison il y a une véranda. Sur la véranda, des rocking-chairs dans lesquels les gens, quand ils ont fini leur journée, se balancent consciencieusement. Sauf le membre de la famille, le fils, la fille, le père ou la mère qui est de corvée de gazon. Car, chaque soir, on peut voir passer à la tondeuse ces gazons d'un vert admirable.

Des arbres comme je n'en ai vu nulle part. Des arbres partout. Admirables. Encore une fois, les villes ne sont pas des villes mais des parcs, sauf la rue principale, la même partout, avec les mêmes magasins. Les mêmes magasins parce que ce sont vraiment les mêmes, appartenant à des « chaînes », comme on dit ici, de sorte que les devantures sont rigoureusement pareilles dans le Maine que dans la Floride. Avec des autos parquées en rangs serrés des deux côtés de la rue.

Nous nous arrêtons pour déjeuner dans une de ces adorables petites villes et nous cherchons un restaurant, en bons Européens que nous sommes. Ce qui est déjà un tort, car l'Américain s'arrête plus volontiers n'importe où sur la route, devant une baraque où l'on débite des *hot-dogs* (saucisses chaudes) et des spaghettis à la louche. Ils ne descendent même pas de voiture. L'auto a fini par faire corps avec leur anatomie. Le garçon, au coup de klaxon, y apporte un plateau qui s'accroche à la portière et un repas qui s'avale en trois ou quatre minutes accompagné d'un verre d'eau fraîche.

Un restaurant ? Évidemment il y a à l'hôtel, le même aussi partout. Deux grandes vitrines et, à chaque vitrine, une collection de pieds. Parce que, derrière la vitre il y a des *rocking-chairs* soigneusement rangés et quelqu'un dans chacun d'eux, avec un crachoir à sa gauche et un cendrier à sa droite.

Dans ces hôtels de petites villes, on doit louer des chambres, par définition, mais je n'ai jamais pu en obtenir, car elles sont retenues des semaines à l'avance. Et, comme les repas ne sont servis qu'aux heureux bénéficiaires des lits…

Nous trouvons donc, et nous allons trouver tout le long de la route, ce qui remplace le restaurant. Une longue pièce. Un comptoir en composé chimique quelconque qui imite quelque chose avec de hauts tabourets tout le long, des boxes comportant chacun une table et deux bancs, des serveuses le plus souvent gentilles qui commencent par vous apporter d'office un verre d'eau glacée.

Pour le reste, ne vous inquiétez pas de ce que vous mangez. C'est propre. C'est généralement sain. Poisson ou viande, cela a le même goût et c'est invariablement accompagné des mêmes petits tas de légumes divers, de ces légumes qui ont les couleurs invraisemblables qu'on leur voit dans les magazines, des verts et des rouges qui n'existent que dans les films en technicolor. Mayonnaise en bouteille. Sauces en bouteilles. Tout marche par rations. Votre assiette contient votre pitance au complet, celle qui doit vous donner suffisamment de calories et de vitamines pour vivre allègrement.

Un repas va chercher dans les soixante *cents* s'il n'est pas avec viande, dans les cent cinquante francs avec un petit beefsteak bien cuit et bien gras.

Maintenant, si vous le permettez, je vous avouerai qu'en arrivant j'avais honte des cabinets de certaines de nos petites villes de France. Les cabinets du Midi en particulier. Dans un pays où on vous sert votre tranche de pain et à peu près tout ce qui se mange dans du cellophane, je me disais que le reste serait à l'avenant… Eh bien, non, en général les cabinets de restaurants et de bars sont plus sales et plus délabrés que les nôtres. Avec une chasse d'eau qui ne marche pas et des inscriptions sur les murs. Il y a aussi, sous les tables, des petites boulettes de *chewing-gum* que les clients y ont collées à leur arrivée, et qu'ils ont dédaigné de reprendre à la sortie. Cela fait le désespoir de mon fils.

— N'allons pas là ! Il y aura du *chewing-gum* !

Et, avant de manger, il fait une inspection sous les tables. Il se réjouit des jours d'avance de manger dans un grand hôtel exempt de ces collantes excroissances.

Reste, en fin d'étape, à trouver des lits. Je vous l'ai déjà dit, les hôtels sont invariablement pleins. Par contre, sur le bord des routes, les maisons, les fermes, portent le plus souvent l'inscription « Tourist-Rooms », ce qui veut dire évidemment chambres pour touristes.

Des maisons spacieuses et propres. Confortables. Il y a deux ou trois autos sur le gazon, sur le sempiternel gazon, sempiternellement vert et tondu ras. Où que vous alliez, il y a des autos dehors, car on ne se donne pas la peine de les garer et, d'ailleurs, une place dans un garage vaut au minimum un dollar.

Vous sonnez. Vous remplissez votre fiche. Avant tout. Vous payez ensuite. Après quoi l'hôtesse, qui est souvent fermière dans le civil et qui porte une gaie robe à ramages, vous conduit dans une chambre délicieuse. Vous êtes chez vous.

On ne vous fera aucun service. Inutile de demander une tasse de café ou de sonner la bonne qui n'existe pas. Tirez votre plan. Partez à l'heure qui vous plaira. Et allez manger où bon vous semblera. L'idée du petit déjeuner au lit paraîtrait ici la plus ahurissante du monde.

Par contre, il y a une bonne salle de bains, des cabinets propres, de l'eau chaude et froide et les matelas sont merveilleux. Il y a aussi des vaches, peut-être des cochons dans l'étable, mais vous ne les verrez pas, vous ne les sentirez pas, c'est une ferme où rien ne sent la ferme et où on ne voit jamais de fumier, une ferme dans un intérieur qui, chez nous, serait celui de très bons bourgeois. Avec une ou deux autos au garage.

3

Les ours sont à deux pas et les valets de ferme pilotent des avions…

Neuf heures et demie du matin. Le moteur ronronne. La radio aussi. Une voix enjouée et familière interpelle tour à tour des tas de gens dont c'est l'anniversaire ce jour-là, leur adresse, au nom de leurs parents ou amis, quelques joyeuses plaisanteries et leur joue leur morceau préféré. C'est l'émission « *Happy Birthday* » (joyeux anniversaire) qui donne une charmante impression de petite ville où tout le monde se connaît et s'interpelle par son prénom, ce qui est assez le cas de la plus grande partie des États-Unis. Puis voici le *premier roman-savon.*

On pourrait dire que les romans-savon sont les piliers de la radio américaine. Il y en a cinq ou six par jour, comme au Canada d'ailleurs, où ils remportent le même succès. Ces émissions sont payées par les grands savonniers qui sont cinq ou six à se faire une concurrence effrénée. Et, comme ils s'adressent aux femmes, ils leur offrent des romans radiophoniques qui ressemblent à s'y méprendre à nos bons vieux mélos du siècle dernier.

À une différence près, cependant, c'est qu'un roman-savon dure des années. L'un de ceux-ci au Canada « *Un homme et son péché* » doit en être à sa deux millième émission, et il est loin de battre le record…

J'écoute *Stella Dallas*, le grand succès aux États-Unis, une femme qui tourne mal, qui a une fillette, qui se sacrifie pour celle-ci, la rend à son père, assiste, cachée, à son riche mariage… Vous voyez que Xavier de Montépin a fait des petits par-delà l'Atlantique.

Plein d'essence. Nettoyage des vitres. On roule. Et je pense tout à coup que, si les maisons n'étaient pas en bois, si les écriteaux qui indiquent les virages étaient blancs au lieu de jaunes, s'ils portaient l'espèce de serpentin familier aux automobilistes de France au lieu du mot « curve », s'il y avait des platanes aux deux côtés du chemin, si…

C'est idiot, je le sais bien. Mais je voudrais expliquer que, malgré tout, je ne parviens pas à avoir une sensation de dépaysement. Bien moins, par exemple, que sur une route de Hollande, de Hongrie ou d'Espagne.

Comme chez nous, il y a un village tous les cinq milles environ, une petite ville tous les cinquante, une ou plusieurs églises dans chaque village, généralement plusieurs, à cause des religions différentes. Et, quand il n'y en a qu'une, les pasteurs des diverses sectes s'en servent à tour de rôle. Il y a des champs de pommes de terre, des prés avec des vaches, des bois, des collines et le paysage, en définitive, ressemble assez à celui de la Creuse, par exemple, à cette différence près qu'il reste identique pendant des centaines de milles.

Seulement, je me souviens tout à coup d'un voyage en avion que j'ai fait il y a deux mois au-dessus du Canada et du Maine et je me demande si je ne rêve pas. De là-haut, en effet, combien le décor était différent ! Des forêts à perte de vue, sans une route, sans un chemin, et des lacs, des centaines de lacs posés au petit bonheur parmi le chaos des collines et des montagnes.

Quelques bandes de terre défrichée seulement, quelques toits, des pincées de maisons claires le long des deux ou trois traits blancs, le long, justement, des routes comme celle que je suis en ce moment.

De là-haut, c'était Fenimore Cooper, Bas de Cuir, la Longue Carabine et le Dernier des Mohicans. Or, notre voiture frôle une bête écrasée et c'est un lynx. Hier, une moufette est venue rôder autour de nous tandis que nous étions arrêtés à moins d'un mille d'un village.

Que nous fassions trois milles, quatre milles en dehors de cette route si paisible et nous nous heurterons à des forêts quasi impénétrables où vivent les ours, les orignaux et les caribous.

C'est ici, entre autres, que les chasseurs et les pêcheurs des grandes villes, ces fameux milliardaires dont on parle tant, viennent de temps en temps se livrer à leur sport, c'est ici qu'ils ont, au bord d'un lac ou d'une rivière, leur « camp », leur cabane en troncs d'arbres. Et la plupart y viennent en avion, soit qu'ils possèdent leur avion particulier, soit qu'ils louent un avion-taxi.

Auprès de chaque petite ville, de chaque village de quelque importance, existe un champ d'aviation. Mon fils insiste pour aller voir le pays de là-haut, et nous nous arrêtons dans un de ces champs où sont posés quelques minuscules appareils jaunes. Des garçons de treize à seize ans font la queue, en salopette ou en vieux vêtements, chaussés d'espadrilles ou de souliers éculés. Des petits valets de ferme, presque tous, ou des fils de fermiers. Je me dis que l'attente sera longue, mais il n'en est rien car les gamins ne viennent pas pour se promener en taxi et pour contempler le paysage. Ils sont ici pour prendre leur leçon de pilotage. J'ai vu un garçon qui n'avait certainement pas plus de douze ans, un petit rouquin aux cheveux hirsutes et au visage criblé de taches de son, s'installer devant son manche à balai.

Deux dollars le quart d'heure pour la promenade. Et je retrouve la mer avec sa côte déchiquetée, ses centaines d'îles, la masse infinie de la forêt trouée de lacs couleur de ciel.

Les fermes, les prés qui me paraissaient sans fin ne sont plus qu'un peu de moisissure en bordure d'une immensité restée vierge.

Nous roulons à nouveau et un écriteau nous annonce, sur la gauche, une réserve indienne. Le roman-savon, après quelques morceaux de jazz, a fait place à un autre roman-savon.

Un village. Des maisons de bois, comme les autres, à cette différence près que celles-ci sont délabrées, que du carton bitumé remplace parfois les vitres des fenêtres, que le terrain à l'entour est peu ou mal cultivé.

C'est la réserve. Les Indiens sont tellement mélangés qu'il faut y regarder de près pour les distinguer des Blancs. Quelques-uns ont gardé le type assez pur. Beaucoup de marmaille. Les vêtements sont les mêmes que ceux de tous les Américains pauvres et il y a une vieille Ford à côté de presque toutes les maisons.

Une église et une mairie. Un village comme les autres, en somme, en plus sale. Et, par-ci par-là, une échope où l'on vend des souvenirs, surtout des paniers tressés par ceux qui ont été les fabuleux Peaux-Rouges.

Mon fils est déçu. Il en verra d'autres, en Floride, qui, en l'honneur des touristes, revêtent encore leur costume bariolé et se coiffent de leurs plumes. Ceux de Floride vivent dans des huttes comme au temps jadis, mais, si vous errez un peu aux environs, vous découvrirez la vieille bagnole indispensable.

La route. D'immenses panneaux apparaissent de cent en cent mètres : « *Visitez le Désert du Maine… La plus grande attraction in the world* »… C'est annoncé à cent milles de distance. La plupart des voitures que nous croisons portent, à l'avant, une plaque jaune avec les mots « *Désert du Maine* ».

Nous croyons encore au Père Noël. Nous y allons. Et le Désert du Maine n'existe pas. C'est un bout de terrain sablonneux, une sorte de dune dans les terres, où l'on a créé une sorte d'attraction foraine, avec quelques chameaux en carton et des palmiers en bois découpé. Pour entrer, il faut d'abord acheter un souvenir… Puis payer une taxe, moyennant quoi on vous colle sur votre voiture un écriteau publicitaire que la plupart des automobilistes arborent avec orgueil.

La vraie forêt est là, à portée de fusil, telle qu'elle existait lors de la découverte de l'Amérique, avec sa flore et sa faune intactes. Mais, ce qu'on va voir, ce qui attire chaque jour des centaines d'automobilistes, c'est un attrape-nigauds de champ de foire.

Cependant que les descendants des Hurons et des Iroquois errent sans joie dans leur village en forme de banlieue pauvre et tendent sans trop de conviction leurs petits paniers ou leurs pirogues-souvenir aux touristes.

4

Le petit mystère de la bière et les montagnes russes au bord de l'eau

Un choc quand même, une émotion de rencontrer soudain, loin des villes, en pleine campagne, au bord de la route, un restaurant français. Non seulement un restaurant français, mais un restaurant où l'on sert de la cuisine méridionale. Le patron appartient à cette race d'Acadiens, c'est-à-dire de Canadiens français qui ont essaimé un peu partout aux États-Unis, tant dans le Maine que dans le Sud, et qui, bien qu'isolés parmi les Anglo-Saxons, sont restés fidèles à leur langue. La patronne, elle, vient tout droit des Baux, en Provence, et son accent sent bon l'ail.

Avouerai-je qu'un de mes premiers mots a été :

— Enfin, nous allons boire une vraie bouteille de vin !

— Malheureusement non ! Il y a trois semaines, j'aurais pu vous en offrir, mais, depuis, le village a voté *sec.*

Et je vais avoir l'explication d'un mystère qui, depuis notre départ, n'a pas été sans nous irriter.

Comme il fait chaud, il nous arrive d'avoir soif. Dans tel village où nous sommes passés de trop bonne heure, le restaurant étalait toutes les bières et les alcools imaginables, y compris cognac et Champagne.

— Nous boirons au prochain bourg…

Et, au prochain bourg, lorsque nous parlons d'un verre de bière, on nous regarde comme si nous venions de blasphémer ou de montrer notre derrière en public.

— De la bière ? Non, monsieur. Pas ici !

Cinq milles plus loin, parce que nous avons changé de comté, il y a de la bière, mais pas d'alcool. Puis à nouveau une région sèche. Ici, on boit sept jours par semaine ce que l'on veut et là on ne boit pas le dimanche. Ailleurs, on boit le dimanche à partir de midi et, dans le pays voisin, on n'a droit d'apaiser sa soif qu'à partir de trois heures.

Or, c'est fort simple. Chaque comté, en ce qui concerne entre autres la boisson, vote les lois qu'il lui plaît. Dans chaque État, en outre, chaque municipalité décide de ses propres règlements.

Et cela ne va pas sans une certaine grandeur. Voici un village, cinquante ou cent fermes, cinquante ou cent familles qui se sont installées Dieu sait quand et qui ont défriché la terre. Ces gens appartiennent, certes, à la grande nation des États-Unis. Mais ils n'en restent pas moins des hommes libres. Ils forment une communauté qui se suffit à elle-même et ils entendent la diriger selon leurs goûts.

Par exemple, dans cette partie du Maine, ils ne tiennent pas du tout à voir les touristes débarquer chez eux, à être assourdis par le vacarme des guinguettes et par les bagarres entre ivrognes. Ils sont paisibles. Ils sont chez eux. Ils se fréquentent les uns les autres et, s'ils ont le désir de boire un verre en famille, ils le font.

Si le village voisin, qui, lui, est au bord de la mer ou d'une rivière, préfère attirer l'étranger pour faire marcher son commerce, libre à lui.

J'ai pesté et je peste encore. J'avais déjà trouvé, au Canada, cette autonomie des comtés ou des villages qui se traduit parfois, pour celui qui ne fait que passer, par une soif lancinante.

J'avoue pourtant que je tire mon chapeau à ces gens qui s'obstinent à vivre chez eux comme il leur plaît et qui y réussissent.

Nous allons d'ailleurs changer de climat. La route l'annonce en devenant plus large, avec une belle raie blanche tracée en son milieu. Désormais, nous longerons la mer, dans une région de villégiature, et, au cours de la même journée, nous allons faire une nouvelle expérience des *secs* et des *humides*.

Les *secs* d'abord. Imaginez une plage merveilleuse, de sable fin, celle des Sables-d'Olonne en dix fois plus grand. Mais, au lieu d'être bordée d'hôtels, de cafés et de villas *Mon Rêve*, des pelouses plantées d'arbres descendent jusqu'au bord de l'eau. Les maisons ressemblent aux plus belles propriétés de Deauville, mais sans promiscuité d'aucune sorte.

Un hôtel, un seul, vaste et harmonieux, qui ressemble lui-même à une immense propriété privée.

Ne demandez pas où se trouve le casino, ni où il y a un bar, un restaurant. N'essayez ni de boire, ni de manger, ni même de dormir, car les appartements de cet hôtel sont loués des mois d'avance à une clientèle soigneusement triée.

Nous sommes arrivés à midi, affamés, assoiffés. Il faisait un soleil torride et nous n'avons pu qu'admirer les maisons et les parcs, le golf et les tennis, les robes claires sur les terrasses et les groupes joyeux qui sirotaient paisiblement leurs cocktails embués de fraîcheur.

C'est le type même de la plage élégante. Chacun chez soi. On se reçoit les uns les autres. Pourquoi voudriez-vous que ces gens-là tolèrent l'installation d'un bar quelconque où n'importe qui aura le droit de venir s'ébrouer ?

Sec ! Archisec ! Ce qui ne veut pas dire, vous le comprenez maintenant, qu'on ne boive pas. On le fait chez soi, en famille ou entre amis. On reste entre soi, entre gens du même monde et de mêmes goûts, et, si l'on se réunit en terrain neutre, ce sera dans un club privé.

Tant mieux pour eux. Tant pis pour nous, qui repartons avec notre soif et notre faim, mais qui ne tarderons pas, à vingt milles, à trouver tout ce que nous désirons, au centuple, malheureusement.

Car, si la plage que nous venons de quitter est une plage typiquement américaine, celle où nous tombons l'est au moins également. Dans un autre sens. Pour un autre monde. Elle s'annonce à deux milles par un vacarme diabolique. Les voitures roulent à la queue leu leu, sur plusieurs rangs, bourrées d'hommes en manches de chemise et de femmes en « bains de soleil », d'enfants plus ou moins nus et de bagages indescriptibles.

Ici, vous pouvez boire, je vous jure. Ce ne sont que « Cocktail Lounge » et restaurants où l'on vous sert tout ce que vous voulez, avec des machines à sous et des phonographes automatiques dans tous les coins. Ils jouent tous à la fois. Il y a des haut-parleurs dehors. Il y a des baraques sur la plage. Sur la plage ?

C'est vrai qu'il y a du sable et la mer. Seulement, pour les voir, il faut regarder à travers l'enchevêtrement d'un « Luna Park » gigantesque. Des petites autos électriques se tamponnent, les carabines fonctionnent dans je ne sais combien de tirs, des pétards éclatent, cent musiques jouent des airs disparates et un *scenic-railway* vous assourdit de son tonnerre et des cris hystériques des passagères.

C'est la foire, la foire au bord de l'eau, la foire qu'emplit une foule demi-nue, slips et soutiens-gorge, bière, Coca-Cola, *ice-creams*, saucisses chaudes et cornets de frites.

Vous trouverez la même chose, mais en si gigantesque que cela prend des proportions de cataclysme, à Atlantic City, non loin de New York, le même spectacle encore un peu partout sur la côte et jusqu'à Jacksonville, en Floride.

Des boutiques dans tous les coins. On vend de tout. Les autos se bousculent, les gens se marchent sur les pieds, des dizaines de milliers d'humains forment, au bord de l'Océan majestueux, une foule que secouent les rythmes de tant de musiques différentes.

Ici, c'est *humide*, bien entendu ! Cela n'existerait pas si ce n'était pas humide, si la bière et le whisky n'étaient versés à flots. Au fait, vous ai-je dit qu'un cocktail coûte soixante francs, un verre de bière vingt-cinq, un tour sur un de ces manèges, dans une de ces autos tamponneuses ou l'entrée dans n'importe quelle baraque environ cinquante francs ? À cinquante francs les trois minutes, vous avez une idée de ce qu'on fait suer de dollars à cette foule que les autos amènent en flot ininterrompu, qui couche où elle peut, souvent sur la plage, sauf ceux – ils sont nombreux – qui ont la précaution d'emmener leur roulotte derrière eux.

On mange partout, dans les restaurants, dans les cafétérias et dans la rue. Des montagnes de boîtes à conserve vides, le matin, attestent de la vitalité de l'endroit. La crème glacée se débite par tonne, des trains, sans arrêt, déversent de nouveaux contingents qui sont automatiquement happés par la machine où ils se précipitent en troupeau.

Ici, enfin, nous pouvons boire et manger. Mais, sacrebleu, combien j'aurais préféré boire et manger sur la plage précédente !

Puis-je décemment reprocher à ceux qui l'habitent d'être *secs* et de s'amuser bourgeoisement entre eux ?

La prochaine fois, j'en serai quitte pour me faire inviter.

5

Les mystères du lobby et les messieurs armés d'épées

Quel beau titre si je devais écrire sur l'Amérique un roman à la Eugène Sue : *Les Mystères du lobby*. Car les lobbys des grands hôtels, dans les villes importantes, sont les centres où se cristallise la vie mondaine et même la vie tout court. Mais que je vous dise tout d'abord qu'un lobby, c'est simplement le hall d'un palace.

Je suis obligé d'écrire palace parce que les hôtels américains, dans les grandes villes, sont tous, et par les dimensions et par le luxe, ce que nous appelons en France des palaces. Le *Claridge* serait un assez petit hôtel de l'autre côté de l'Atlantique. De Montréal à Miami, en passant par Québec, par Boston – je ne parle bien entendu pas de New York – par Baltimore, etc., un hôtel de six ou sept cents chambres est chose courante.

Le lobby, soit le hall, est évidemment en proportion et on y trouve de tout, des bars, des restaurants, des salons de thé, des cigares, des romans, des fleuristes, un pharmacien et des boutiques de toutes sortes où vous pouvez vous habiller des pieds à la tête.

Par contre, comme il n'existe pas d'établissements plus modestes mais de premier ordre, comme, tout de suite en dessous, ce ne sont plus que des pensions de famille ou des hôtels miteux, la clientèle ne ressemble en rien à celle d'un palace de chez nous. Tout le monde s'y rencontre, le milliardaire, le ministre, l'avocat, la vedette de cinéma, le médecin, le voyageur de commerce, le petit comme le grand bourgeois, le boutiquier et le touriste.

Ne vous étonnez pas si, dans le lobby d'un hôtel du Canada ou des États-Unis, vous rencontrez soudain des dizaines de messieurs en habit, les reins ceints d'une écharpe et l'épée au côté. Lorsque cela m'est arrivé, j'ai d'abord pensé que c'étaient peut-être des académiciens, bien que les habits ne fussent pas verts. Mais il y en avait vraiment trop. On en rencontrait dans les ascenseurs, dans les couloirs des étages, chez le coiffeur, dans tous les coins. J'ai su après qu'ils étaient ce soir-là huit cents et que c'étaient des Chevaliers de Colomb, réunis pour initier un certain nombre de nouveaux membres au troisième ou au quatrième degré de leur Ordre.

Il y a comme cela un certain nombre de confréries qui s'étendent sur tout le continent nord-américain, et dont certaines possèdent des ramifications jusqu'en Europe : les Chevaliers de Colomb, les Kiwanis, les Lions, les Rotary. Un monsieur qui est quelque chose dans la vie, un monsieur qui n'est vraiment pas le dernier des derniers fait partie d'au moins une de ces sociétés.

Et ces sociétés se réunissent chaque semaine. Dans le lobby, un panneau vous annonce : *Kiwanis, le lundi à onze heures, Rotary, le mercredi à six heures*, etc...

Puis ils se rencontrent périodiquement par région. Puis enfin il y a les congrès par États et les congrès nationaux ou internationaux.

Deux mille Kiwanis, ou deux mille Lions envahissent un hôtel, souvent accompagnés de leurs femmes. Il n'y a pas qu'eux. Il existe des congrès de toutes sortes. Si bien que je vous défie d'entrer dans un grand hôtel, n'importe où, sans tomber sur un congrès, sans rencontrer des hommes ou des femmes qui portent sur la poitrine une petite pancarte avec leur nom et leur lieu d'origine.

Cela fait voyager les gens. Cela transvase sans cesse des masses d'individus d'un endroit à un autre et cela explique que le pauvre isolé que vous êtes possède bien peu de chances d'obtenir une chambre dans une ville quelconque. Je crois d'ailleurs qu'avec une carte de Kiwanis, de Lion ou de Rotary on passe en priorité et, comme tout bon Américain fait partie de l'un ou de l'autre de ces clubs...

À Boston, où une panne nous a immobilisés pour vingt-quatre heures, nous avons fait la queue dans tous les grands hôtels aux lobbys grouillants pour nous voir envoyés en fin de compte, déjà désespérés, dans une sorte de pension de famille. Il y avait à la fois un congrès du spectacle, je ne sais quel congrès de femmes et une assemblée de Kiwanis.

Il y a quelques mois, à Saint-Jean, dans le Nouveau-Brunswick, comme je cherchais une chambre, l'employé *desk* (lisez : réception) me dit en fin de compte qu'il n'en avait qu'une, mais que c'était la chambre des échantillons. Plutôt que de coucher à la belle étoile, ma foi… Surtout que je ne savais pas du tout ce que pouvait être la chambre des échantillons.

On me conduisit dans une pièce de vingt mètres de long, à cinq ou six fenêtres, violemment éclairée par des lampes au néon, avec une longue table et, lui faisant face, des rangées de chaises. Mon guide ouvrit une des portes latérales et un lit, qui se tenait verticalement dans un placard, descendit lentement.

Ce n'est que le lendemain que je compris. Ces pièces sont celles que louent les voyageurs de commerce pour y faire leurs démonstrations et, dès huit heures, je fus arraché du lit pour une exhibition d'aspirateurs électriques…

Beaucoup de gens ont leur appartement (leur *suite*, comme on dit ici) à l'hôtel. Des ministres, des députés, des industriels. Des médecins non seulement y vivent, mais y ont leur cabinet de consultation, voire des appareils de radiologie.

Ce que cela coûte ? De six à dix dollars par jour pour une chambre d'une personne avec salle de bains. Je parle du minimum. Sans petit déjeuner, bien entendu, car celui-ci coûte à lui seul de un dollar et demi à deux dollars. Un appartement avec salon va chercher entre vingt et cinquante dollars. De deux mille à cinq mille francs par jour. Il est vrai que vous disposez d'une « cuisinette » avec frigidaire pour y ranger vos propres alcools et y préparer les cocktails de vos invités.

Comme les cafés n'existent pas (il n'y a que des bars où une femme seule ne se rend pas et ils ne sont ouverts qu'à certaines heures), c'est dans le lobby des hôtels que les gens de la ville se rencontrent, à l'hôtel aussi qu'on donne les banquets, mariages ou autres, les déjeuners d'affaires. On loue un salon d'hôtel pour une réception, pour un thé, pour un dîner d'apparat. C'est à l'hôtel généralement qu'il y a une piscine élégante où l'on va se baigner.

À l'hôtel aussi, dans le fameux lobby ou dans le salon de thé, que l'on rencontre les jeunes personnes jolies et élégantes qui boiraient volontiers quelques cocktails et dîneraient encore plus volontiers avec un monsieur bien élevé.

À Montréal, un de ces hôtels contient une salle de conférence pour huit cents personnes et c'est là qu'a été donné le grand dîner en l'honneur des souverains anglais lors de leur voyage au Canada.

À Québec, le Premier ministre vit à l'hôtel. À New York, actuellement, il est presque plus économique de louer une « suite » à l'année dans un palace que d'avoir en ville un appartement équivalent.

Vous me direz que trois à cinq mille francs par jour…

Évidemment ! Seulement, il faut s'habituer aux chiffres d'ici. Il faut surtout s'habituer à ne plus traduire en francs si l'on veut garder la tête solide. Tout est plein. Tout trouve preneur. Les dollars sortent des poches avec autant d'aisance que de vulgaires sous de bronze.

Au moment où j'écris ces lignes, dans le Sud, pays surpeuplé de Noirs, j'ai eu toutes les peines du monde à trouver une jeune négresse pour faire mon ménage. Tarif : six dollars vingt-cinq par jour. Six cent vingt-cinq francs. Elle arrive à sept heures et demie du matin et repart à quatre heures. Elle ne resterait pas cinq minutes de plus. Et elle ne travaille ni le samedi ni le dimanche.

Il y avait autour d'elle tant de « candidats patrons », que, je vous l'avoue, je fais des lâchetés pour lui plaire, pour la garder et que, sur un signe d'elle, par crainte de la perdre, je me mettrais à essuyer la vaisselle.

Déjà en quelques jours, je me suis guéri de ma vieille habitude de secouer mes pipes par terre quand je travaille parce que, n'est-ce pas…

Et je cire mes chaussures moi-même par crainte de la vexer.

6

Découverte des cabines et d'un Saint-Tropez américain

J'ai enfin découvert le moyen de voyager sur les routes américaines. Vous me direz sans doute que j'y ai mis le temps et c'est vrai, mais je vous confesse que j'aime découvrir les choses par moi-même et que je suis l'homme qui, à l'étranger, ne demande jamais de renseignements.

J'étais fort intrigué par toutes ces voitures roulant devant et derrière moi avec des cargaisons de femmes, d'enfants, d'ustensiles de pêche et de bagages inimaginables. Il n'était pas possible que tous ces gens-là soient des Kiwanis, des Lions ou des Rotary et que, pour eux, s'ouvrent automatiquement les portes des hôtels archibondés. Quant aux *Tourist-Rooms* il n'y en aurait jamais eu assez pour une pareille population flottante.

Je vous ai dit que ces *tourist-rooms* étaient épatants, propres, confortables, et tout, et je ne reviens pas là-dessus. Mais, pour ma part, j'ai horreur de me sentir chez les gens, de savoir que j'occupe le lit du propriétaire qui se contente d'un lit de camp pendant la saison d'été, d'ouvrir l'armoire et d'y trouver les vêtements de la madame, son linge dans la commode. J'ai tellement le sentiment de déranger que, la nuit, je n'ose pas me relever pour faire pipi, par crainte de vacarme de la chasse d'eau qui va réveiller toute la maison.

Eh bien, j'ai enfin trouvé le truc. Ce sont les « cabines ». J'avais déjà vu, au bord de la route, ce mot en grosses lettres sur un panneau et, tout près, un certain nombre de petites maisons, souvent d'une seule pièce, en bois, bien entendu, peintes en clair et presque toujours pimpantes.

Au Cape Cod, je me suis décidé à aller voir de plus près. Il est vrai que je n'avais pas le choix. Cape Cod est un cap en forme de faucille, entre Boston et New York, et c'est en même temps un endroit historique, car c'est ici qu'échouèrent les pèlerins du *Mayflower* qui furent les premiers à peupler le Nord des États-Unis.

Cent kilomètres de long environ. Des plages de sable fin. Une végétation qui rappelle assez celle du Midi, avec des pins maritimes, des chants de cigales et enfin, à l'extrême pointe, une petite ville ! Provincetown, la première que je rencontre, la seule peut-être aux États-Unis, où les rues ne soient pas rectilignes et où souvent il n'y a place que pour une seule voiture de front.

Mais, avant tout, que je fasse amende honorable. J'ai parlé de la route n° 1 telle que je l'avais vue dans le Maine. Elle a changé depuis et c'est devenu une magnifique route pour quatre ou six voitures de front selon les endroits. Le ciment en est parfait, lisse comme de la glace. Les courbes, les croisements, les embranchements sont scrupuleusement indiqués. Quant au vacarme, il n'y a qu'à multiplier par six celui que je vous ai décrit, car le trafic est multiplié d'autant.

Je ne vous parlerai donc pas du paysage. Je ne l'ai pas vu. Je ne le verrai pas. Quand on a une voiture devant soi, une derrière, deux autres dans le même sens à sa gauche et trois autres en sens contraire, quand tout cela roule, klaxonne, se dépasse, ralentit ou accélère et que toutes les radios par surcroît marchent à la fois, il vaut mieux ne pas avoir l'âme trop virgilienne.

Donc, nous arrivons au Cape Cod et, comme prévu, il n'y a pas d'hôtel, je veux dire pas une seule chambre disponible. Par contre, dans les rues, dans les rues enfin étroites et tortueuses, on voit des peintres chevelus, assis devant leur chevalet, qui se moquent du trafic, des pêcheurs qui réparent leurs filets, des femmes en shorts, des hommes à demi nus, un laisser aller qui rappelle Montparnasse et plus encore Saint-Tropez.

D'ailleurs, à gauche, voici une boutique où un des fils de Raymond Duncan – il ne porte pas la grande robe blanche de son père – vend des sandales faites à la main, les mêmes que le papa débite au Faubourg-Saint-Honoré. Des marchands de couleurs, des tableaux accrochés dans les bars et aux devantures, des restaurants décorés de filets de pêche et éclairés par des bougies plantées dans des bouteilles…

Mais où diable allons-nous coucher ?

Eh bien, c'est fort simple ; comme tout le monde, dans des cabines. Et je me demande maintenant si le système ne fera pas bientôt fureur en Europe.

Tout le long de la mer, comme tout le long des routes touristiques, il y a, ainsi que je l'ai dit plus haut, des groupes de quinze ou vingt cabines plus ou moins proches les unes des autres et plus ou moins confortables.

Ici, la nôtre comporte deux chambres parfaites, une salle de bains, un petit living-room et une cuisine, avec une table et deux banquettes, comme dans un train, pour y manger.

Frigidaire, poêle à gaz ou fourneau électrique. Vaisselle.

Vous payez de cinq à dix dollars la journée. Vous payez toujours d'avance, ce qui vous permet de vous en aller quand bon vous semble. Et vous êtes chez vous. Le marchand de comestibles est à deux pas. Les poubelles aussi. La mer en face de vous.

On ne vous fait aucun service. Vous pouvez rester une nuit ou trois mois. Vous laissez votre voiture à la porte et vous priez le bon Dieu pour qu'il ne vous donne pas de voisins qui font la bombe toute la nuit.

Parce qu'ici les bombes ne se font pas en public, comme chez nous, dans des cafés ou des boîtes de nuit. Dans une grande ville, on loue volontiers une « suite » dans un hôtel pour prendre une bonne cuite avec des amis. À la campagne, ou à la mer, on fait la même chose dans sa cabine.

À part cela, c'est parfait. Et il n'y a pas besoin de cuisinière émérite. Le café ne se vend que moulu, dans de beaux bocaux de verre. Le pain se vend coupé en tranches bien égales dans du papier huilé. Le lait en bouteilles. Les spaghettis tout cuits, avec sauce, dans un flacon qui contient un petit sachet de fromage râpé. Tout est en boîtes ou en bocaux, les soupes, les légumes, les viandes et il n'y a guère que les œufs à la coque, le steack ou le rôti que vous devrez préparer vous-même si vous y tenez.

Je m'étais méfié. Et j'avais tort, car, ces cabines, presque toujours d'une propreté irréprochable, sont infiniment plus agréables à habiter, en voyage, et même pour les vacances, que nos petits hôtels aux tapis usés, aux fauteuils dont les ressorts vous entrent dans les fesses et aux matelas bourrés de noix.

Je sais bien que les Français me diront :

— Mais la cuisine… Cette bonne vieille cuisine de chez nous !…

D'accord… J'hésite cependant à vous répondre que les choses très simples que nous préparons dans la cuisinette de nos cabines sont éminemment plus saines que la tambouille de nos restaurants pour touristes. La cuisine française, soit. Mais, si vous avez l'expérience de la route, vous savez combien il est rare de tomber sur de la *vraie* cuisine française dans laquelle oignons, ail et épices ne soient pas dispensés à profusion pour cacher le goût de graillon. Pensez aussi à ces hôtels où il faut enfiler je ne sais combien de corridors pour trouver des cabinets douteux, une salle de bains revêche.

Or, chaque cabine contient, à ce point de vue, tout le nécessaire, y compris douche et eau courante chaude et froide.

Les cabines se ressemblent toutes, c'est vrai, à tout le moins celles d'un même îlot. Mais elles sont presque toujours d'un style charmant, un peu jouet, un peu dessin d'enfant, et elles contiennent des fauteuils confortables dont le faux velours n'a pas été usé par des générations de derrières, les fenêtres ne sont pas attristées par des rideaux de peluche mais égayées au contraire par ces stores vénitiens que vous avez vus au cinéma et qui, dans toute l'Amérique, depuis les buildings jusqu'aux cabines, coupent de façon si plaisante la lumière en tranches.

Cela ne vaut pas tel palace de Deauville, de Vichy ou de Cannes ? Je suis de votre avis. Mais combien de personnes, chez nous, descendent dans ces hôtels ?

Ici, le confort, la propreté, un certain goût, une certaine élégance, la gaieté du décor surtout, ont été créés pour tout le monde.

Et moi qui faisais l'imbécile en cherchant des hôtels où on me servirait le petit déjeuner au lit…

Vivent les cabines !

C'est l'avis de mon fils aussi, qui a fait en vain la chasse au *chewing-gum* sous les tables et qui a consenti enfin, pour la première fois depuis que nous sommes partis, à s'asseoir sur un cabinet.

7

La maison qui se promène sur la route

Je savais par les journaux que cela se faisait. Je crois même avoir vu jadis un spectacle de ce genre dans les actualités cinématographiques. Malgré tout, on est un peu soufflé. Hier, comme je me rendais à la ville voisine pour faire mon marché, je tombe sur un policeman qui dirige le flot des voitures vers des chemins latéraux. Je questionne, intrigué :

— Accident ?

— Non. Déménagement.

Et j'aperçois en effet, à cent mètres de nous, une maison au beau milieu de la route, une maison tout entière, avec un étage, un toit rouge, des rideaux aux fenêtres, et sans doute tous les meubles à leur place, peut-être le bébé dans son berceau.

Les propriétaires avaient décidé de s'installer un peu plus loin et ils emmenaient leur maison avec eux, montée sur des espèces de plates-formes à roues.

Ceci vous explique les nouvelles que vous lisez fréquemment dans la presse : dans telle région des

États-Unis, un ouragan a balayé cent, ou cent cinquante maisons.

Des maisons en bois, bien entendu. Mais ce serait un tort de croire qu'elles ressemblent à ces chalets démontables que, chez nous, on construit en série pour la banlieue. Ce sont de vraies maisons. Il y en a d'immenses, d'un luxe étonnant. Certaines pourraient rivaliser avec des châteaux. Et elles sont infiniment confortables. J'en habitais une l'hiver dernier, au Canada, par trente degrés sous zéro, et nous n'avons jamais eu froid. J'en ai habité une autre, vaste et claire, cet été, sur la côte Atlantique, et ni la chaleur, ni les vents ne nous ont incommodés. J'en habite une ici dans le Sud. Certaines existent depuis plus d'un siècle. Une des plus vieilles maisons des États-Unis, à Provincetown, qui date de 1625 environ, et en bois.

Une fois à l'intérieur, vous ne vous en apercevez plus. Voulez-vous, tant que nous y sommes, que j'essaie de vous décrire l'intérieur type de l'Américain moyen ? L'habitat se ressemble, que ce soit à la campagne ou dans une petite ville. Or, contrairement à l'opinion courante, l'Amérique est davantage un pays de petites villes, de cinq à dix mille habitants, que de cités géantes.

D'abord une pelouse, je l'ai déjà dit mais j'insiste là-dessus, une pelouse, et, autant que possible, un ou deux grands arbres. Pour en jouir, une véranda spacieuse avec ses rocking-chairs. Ce qui compte le plus ensuite, c'est la cuisine. Car, bien que cela puisse paraître paradoxal, dans ce pays où l'on cuisine relativement peu, la cuisine est la pièce principale de la maison. Elle est vaste, toute blanche, presque toujours revêtue, non de véritable céramique, mais de produits manufacturés qui en donnent l'illusion et sont lavables, garantis imperméables, imputrescibles, etc.

Qu'il s'agisse d'une ferme, de la maison d'un employé, d'un ouvrier, d'un petit propriétaire, la cuisine comporte invariablement tous les accessoires modernes que l'on ne voit guère chez nous que dans les étalages et dans quelques appartements de grand luxe : le frigidaire, immense, véritable roi de la maison, et, tout à côté, un poêle électrique ou un poêle à gaz en bel émail blanc. Tout est blanc, l'évier qui vient ensuite, avec ses robinets d'eau chaude et froide, les meubles pour la vaisselle et les provisions, garnissent tout un angle, tout un mur, conçus pour donner à la ménagère le maximum de facilité et pour lui permettre de faire le minimum de mouvements. Sous l'évier, une poubelle – émaillée blanche, elle aussi – à pédale, dont le couvercle s'ouvre lorsque vous posez le pied sur la pédale et qui se referme automatiquement.

Vous m'objecterez que tout ce blanc, tout cet émail risque de faire clinique, mais je vous assure qu'il n'en est rien et que, le matin, c'est un joli spectacle de voir toute la famille manger ses céréales et ses œufs au bacon en écoutant la radio.

Car beaucoup mangent dans la cuisine. D'autres ont une salle à manger, claire aussi, aux meubles rustiques fabriqués en série, évidemment, mais solides et simples, d'assez bon goût.

Une des caractéristiques de la maison américaine, c'est qu'elle contient peu de choses, meubles ou objets, dont on ne se serve pas. Pas non plus de salon inhabitable, aux meubles à pieds dorés, au piano édenté, aux bibelots innombrables, dont on n'ouvre la porte que les jours où l'on a des visites.

Par contre, un *living-room* aux fauteuils larges et profonds, au canapé immense (cela s'appelle ici un *chesterfield* et c'est l'orgueil d'une maîtresse de maison) où l'on se tient dès qu'on n'a rien à faire dans la cuisine.

Peu, très peu de papiers peints. Les murs sont peints en tons clairs, ou couverts de revêtements nouveaux qui ressemblent peut-être un peu à du carton, font un tantinet décor de théâtre, mais qui sont faciles à entretenir et *qui font gai.*

On sent vraiment, dans ce pays-ci, un grand effort vers la gaieté, vers la joie de vivre. Les chambres sont gaies, les lits, par exemple, garnis de couvre-lits faits à la maison avec tous les bouts de tissus de reste, assemblés en mosaïque du plus agréable effet.

La plus pauvre femme, comme la paysanne ou la bourgeoise, porte dès le matin, non une vieille robe de ville pour faire son ménage mais une robe de travail, large blouse à manches, taillée dans un tissu imprimé aux tons clairs. Et, son travail fini, bien vite elle va en passer une propre. Il y a de ces robes, qui coûtent quatre sous, à petits pois, à fleurettes, à bouquets, et les morceaux en serviront plus tard à confectionner les couvre-pieds.

L'aspirateur électrique est de rigueur. Le chauffage central existe dans la plus humble des maisons, la « fournaise », comme on dit, mais, depuis quelque temps, elle est remplacée par un brûleur à huile lourde, petit appareil émaillé qui ne fait aucune saleté, dans lequel on se contente d'allumer une mèche et qui fournit de chaleur toutes les pièces sans demander cinq minutes de soins par semaine.

Nombre d'Européens ne peuvent s'habituer à ce que ma femme, accoutumée à des murs de quatre-vingts centimètres de pierre dure (dans lesquels je n'ai jamais pu enfoncer un clou), à ce que ma femme, dis-je, appelle des maisons de carton.

Moi, j'aime assez cela, que voulez-vous que je vous dise. Tant pis si vous m'accusez de trahison. Évidemment, une armoire Louis XIV ou Louis XVI, une de ces vastes armoires de campagne que je collectionnais jadis, est une jolie chose à regarder. Mais qu'il est donc plus facile de prendre ses vêtements dans un placard hermétique et net que ferme une porte à glissière et qui comporte tout le nécessaire ! Vous avez partout des prises de courant, à portée de la main, des appareils électriques pour tout, pour laver la vaisselle, pour griller le pain, que sais-je ? Vous ouvrez un placard et la planche à repasser en sort d'elle-même, à bonne hauteur.

Cela manque de style ? Soit. Et encore, pas toujours, car je vous parle ici de la petite maison, de ce qui correspondrait, par exemple, à nos pavillons de banlieue. Il existe, dans les campagnes comme dans les villes, des maisons plus vastes, aux larges corridors, aux escaliers blancs et spacieux, où salon, salle à manger, bibliothèque et boudoir communiquent par de vastes baies, où l'air et la lumière entrent à flots.

Il est bien rare que chaque membre ne comporte pas sa salle de bains et ses W.C. Et je viens à l'instant même de faire une petite découverte. J'avais acheté hier un savon à barbe enfermé dans un flacon de verre et je m'étais étonné de sa petite taille. À peine un peu plus gros que le pouce. Or, je viens de lire en me rasant : « *Quest Size* » ce qui veut dire textuellement : modèle pour invités. Même cela qui est prévu, comprenez-vous ? Le monsieur qui aura oublié son savon à barbe et qui en trouvera un petit sur sa toilette, juste pour le temps qu'il passera chez vous.

Quant au style, eh bien, je me demande, en dépit du sourire ironique de ma femme, si ce n'est pas ici, justement, qu'un style est en train de se créer.

Avons-nous assez raillé, jadis, la cité des buildings aux cent mille alvéoles ? Or, c'est à peu de chose près, ce que des gens comme Le Corbusier nous proposent maintenant pour la cité de demain.

Pour ma part, en tout cas, je renonce facilement aux murs de quatre-vingts centimètres dans lesquels je n'ai jamais été fichu de planter un clou.

8

L'ancien temps n'est pas le même pour tout le monde

Toujours dans notre « cabine » de Provincetown. Nous faisons notre cuisine, donc notre marché, ce qui, ici, n'est pas long, car un seul magasin vous fournit toutes les denrées nécessaires, épicerie, boucherie, charcuterie, fruits et légumes, produits de nettoyage, cigarettes, aspirine, etc. Vous prenez, à l'entrée, une petite poussette en treillage. Vous la remplissez aux rayons de tout ce que vous voulez – sauf les produits à peser, bien entendu, mais ils sont rares –, vous passez devant la caisse où l'on frappe les diverses sommes sur une machine à calculer et on vous porte le paquet dans votre voiture.

Quelques prix, si cela vous intéresse. Une livre de bœuf : 60 francs. Une livre de beurre : 59 F. Un chou-fleur : 50 F. Une livre de café moulu dans son bocal : 50 F. Une pinte de lait : 24 F. Une boîte de sardines portugaises : 50 F. Un pain : 32 F. Une douzaine d'œufs : 60 F. Une demi-bouteille de bière : 25 F.

Dans un autre domaine : une machine à écrire (difficile à trouver) : 18 000 F. Un vélo : 6 000 F. Un appareil de T.S.F. petit modèle : 5 000 F. Un tourne-disques perfectionné, avec changement de disques automatique : 10 000 F.

Un paquet de cigarettes : 31 F.

Une pipe en bois : de 500 à 2 000 F.

Un pneu d'auto en caoutchouc synthétique : 3 000 F.

Et maintenant, pendant que le déjeuner mijotait, je viens d'entendre la radio annoncer quelques chansons de l'ancien temps. *Old time.* Textuellement : du vieux temps. Je m'attendais à des airs datant de la guerre de Sécession, sinon de la guerre de l'Indépendance.

Or, pendant une demi-heure, on nous a joué « *Old man River* », « *A beautiful Baby* » et autres airs de jazz du temps des Ballets Nègres, autrement dit de 1926 environ.

L'ancienneté, comme la vitesse, est une chose relative et ici on vieillit vite, comme vous le voyez. Et moi qui ai dansé le charleston, jadis, sur ces airs de l'ancien temps ! Je suis tenté de me regarder dans la glace pour voir si il ne m'est pas encore poussé une barbe blanche !

Il n'y a pas que les chansons qui prennent rapidement une patine. Il en est de même des objets. Tout le long du chemin, ces derniers jours, tandis que nous roulions sur une route touristique, il était impossible de parcourir dix milles sans rencontrer un magasin surmonté du mot « *Antique* » en belles lettres gothiques. Des magasins d'antiquités, pour voyageurs pressés, pour gogos, en somme, comme il en existe tant sur les routes de Normandie.

Seulement, ce qui change, c'est la marchandise offerte. Savez-vous ce qu'on trouve le plus dans les vitrines de ces antiquaires ? Je vous le donne en mille. Chez l'un de ceux-ci, une pièce entière en était pleine.

Des lampes à pétrole ! Lampes à pétrole de tous modèles, sur pied en bronze ou sur pied en cuivre, au ventre de faïence ou de porcelaine. La plus vieille devait avoir au moins cent ans. Et il y en avait une bonne cinquantaine qui ressemblait trait pour trait à celles qui ont éclairé mes premiers devoirs d'écolier.

Ce sont déjà, ici, des antiquités.

Comprenez-vous l'avantage des maisons en bois ? Au moins on peut y mettre le feu avant qu'elles deviennent des curiosités historiques !

Il se trouve un musée à Provincetown et nous l'avons visité. Tout d'abord, j'ai difficilement contenu mon envie de rire. Imaginez la boutique d'un brocanteur de Montmartre. C'est à cela que le musée en question me faisait penser à première vue. Des choses qui n'étaient pas si vieilles que ça, qui, ma foi, auraient encore pu servir, qui chez nous auraient trouvé preneur, non pour la curiosité, mais pour l'usage.

Du linge, par exemple, linge de femme, linge d'enfant sur lequel une étiquette annonçait « cousu et brodé à la main ». Il datait d'au moins soixante-dix ans et on le jugeait digne d'une place dans les vitrines d'un musée.

Des tasses bariolées, des assiettes à fond historié, des verres épais comme on en voit encore dans toutes nos campagnes, dans nos auberges, non au rayon des curiosités, mais sur la table.

Tout un mur couvert de photographies jaunies, de stéréotypes, femmes en manches à gigot, coiffures à l'Impératrice Eugénie, petits garçons en robes de dentelle, messieurs portant la barbe sans moustaches, avec de larges favoris et des casquettes de marins.

Vous avez tous des photographies de ce genre dans votre album de famille.

J'ai lu les inscriptions. Et, au lieu de rire, je crois bien que j'ai été un peu ému. C'est ici, je vous l'ai dit, qu'ont débarqué les pèlerins du *Mayflower*, dont le sang coule encore dans les veines des meilleurs parmi les Américains. Voici un morceau de bois qui provient du bastingage du navire. Voici, dans une vitrine, épaisse, jaunie, la Bible de son capitaine.

Mon fils l'examine d'un air entendu et décrète :

— C'est un livre du téléphone de l'ancien temps…

Pas si bête, en somme, et je parie qu'il y a quelque part, dans un musée, le premier annuaire du téléphone.

Ces maquettes de bateaux, ce sont celles des navires qui sont venus au cours des siècles apporter leur contingent de colons. Ces maisons en miniature, ce sont les premières maisons du pays, ces vêtements ceux que les gens portaient. Et voici les fusils, y compris ceux, à peine rouillés, de la dernière guerre. Les photographies des vétérans de la Sécession.

C'est toute l'histoire, sinon des États-Unis, tout au moins d'une bonne partie de ceux-ci, une histoire simple, familière. Le mot est juste. Ce sont des souvenirs de famille. C'est un album de famille.

Comprenez-vous ce que je veux dire ? Pour les gens d'ici, pour ceux d'une certaine société de Boston, du Maryland, de la Virginie et d'ailleurs, le peuple américain n'est pas une entité. C'est encore une famille dans laquelle chacun retrouve son pedigree. On descend des passagers de tel ou tel bateau, de tel ou tel groupe qui a dû quitter l'Europe, jadis, au temps des querelles de religions.

Ces verres qui nous paraissent d'une banalité totale ? Ce sont les premiers qui aient été façonnés aux États-Unis quand ceux-ci se sont trouvés obligés de s'affranchir de la tutelle industrielle de l'Angleterre. Ces tasses aussi, et ces assiettes. Ont-elles moins de valeur sentimentale parce qu'elles n'ont pas l'âge de nos Rouen ou de nos Nevers ?

Ces photographies de dames, d'enfants, de messieurs barbus ? Mais le pays, à des centaines de lieues à la ronde, est peuplé de leurs descendants.

Et voilà pourquoi ce musée ressemble un peu au grenier de quelque vieille maison bourgeoise de chez nous.

C'est le grenier aux souvenirs de toute une région. Il y a des chaises d'enfants, des jouets du temps passé, des napperons brodés, des livres de prière et des faire-part d'enterrement. Il y a des képis de la guerre de 1865, des casques de 1917 et sans doute y mettra-t-on des uniformes de cette guerre-ci.

Il n'y a pas d'armures, évidemment, ni de dagues damasquinées. On ne trouve pas non plus de Rembrandt, de Vélasquez ou de Rubens mais, dans des cadres noirs à filets d'or, des tableaux faits de minuscules coquillages et des paysages au point de tapisserie.

Parce que l'Amérique, quoique les Européens en pensent, ce n'est pas tant la foule anonyme de New York et de quelques grandes villes, ce ne sont pas quelques acteurs et quelques milliardaires, ce n'est pas la politique bruyante de Tammamy Hall ni le froid cynisme des gangsters, l'Amérique, je commence à le croire fermement, c'est un pays de braves gens, souvent de petites gens qui sont venus de loin pour vivre en paix, qui tiennent à cette paix à tout prix et qui gardent précieusement leurs traditions, qui forment un certain nombre de familles et qui, comme au musée de Provincetown, mettent pieusement leurs souvenirs en commun, parce que ce sont les souvenirs de tout un peuple.

9

La ville où chacun se sent chez soi

Depuis Boston, je voyais la route devenir toujours plus large, mais je constatais aussi avec inquiétude qu'à chaque mille elle devenait plus infernale, littéralement noire de voitures trépidantes, de sorte qu'à la fin je finissais par conduire comme dans un rêve, dans un cauchemar plutôt, suivant le flot, me poussant à gauche ou à droite quand j'apercevais un trou dans la pâte mouvante. Les feux rouges, qui vous ordonnent impérieusement de stopper, les flèches indicatrices, est-ce que je les distinguais encore ? Je fonçais, parmi des milliers d'autres voitures qui fonçaient tout autour de moi et j'avais conscience que, s'il m'arrivait par malheur de ralentir, toute la colonne m'entrerait dans le derrière.

C'est que nous traversions le nord industriel de New York ou, sur cent cinquante milles, les villes, les usines se suivent à peu près sans répit.

Vous comprendrez maintenant que j'aie été lâche, que, quand j'ai aperçu un écriteau annonçant l'entrée du « *Parkway* », je me sois précipité.

Un *parkway* est un autostrade avec des pelouses des deux côtés et de la pelouse au milieu, et celui-ci ressemble à celui qui s'amorce à Saint-Cloud et qui, quand j'ai quitté la France, atteignait Mantes-la-Jolie. La seule différence, c'est que de temps en temps vous passez devant une sorte de guichet. Une main se tend et vous y déposez une pièce de dix *cents*. Je ne crois pas que ce soit pour les pauvres, mais plutôt pour l'entretien du *parkway*.

Les villes de la grande banlieue, les usines, les agglomérations ouvrières, nous ne les verrons plus, fût-ce de loin. Il est vrai que nous ne verrons pas non plus les campagnes du Connecticut qui s'étalent sur notre droite mais, comme j'ai eu l'occasion de les parcourir récemment, je n'ai pas de scrupules.

Ce Connecticut est d'ailleurs aussi inattendu que ravissant. À moins de dix minutes en auto de la plus grande ville du monde, où grouillent onze à douze millions d'êtres humains, c'est tout de suite une campagne que l'on pourrait comparer à la vallée de Chevreuse, avec des propriétés somptueuses, des parcs, des chalets plus modestes, des bois, des prés, des rivières, bref un décor idéalement bucolique. Ma femme dirait que cela manque de fumier. Elle a écrit, en effet, en marge de mon dernier article :

« Qu'on se sent loin de la bonne terre quand on entre dans une de ces boutiques où l'on achète le pain de telle marque dans son papier huilé – et coupé en tranches par surcroît ! L'odeur du blé, de la maison, de la boulangerie est à tout jamais perdue. »

Et, à propos des légères maisons si pimpantes :

« Mieux vaut un vieux mur dans lequel on ne peut planter des clous. Car, là, on peut encore éprouver un désir : celui de les planter et de créer quelque chose.

« Ici, cette envie disparaît. Dans quel but, grand Dieu, en planterait-on ? »

Elle a quand même pris le *parkway*, elle aussi, qui est une belle piste bien stérilisée, si je puis dire, où on ne risque pas de rencontrer des bouses de vache. Et elle est entrée dans New York comme en rêve, car la plus grande ville du monde est celle dans laquelle on pénètre le plus facilement, grâce à ce *parkway* qui la ceinture presque entièrement, qui se subdivise, qu'il suffit de quitter à l'endroit précis où vous désirez entrer en ville.

La ville aussi où il est le plus facile de conduire et de retrouver son chemin. Quelques avenues la coupent dans toute sa longueur. Des rues numérotées de un à je ne sais combien de centaines la coupent dans l'autre sens. Toutes ces tranches sont bien nettes, bien rectilignes et bien égales. Si vous demandez où se trouve tel magasin, on vous répond : à trois blocs, ou à quatre blocs d'ici. Et l'on sait si bien le temps qu'il faut pour parcourir la longueur d'un bloc qu'on finit par compter le temps de cette manière.

Je crois que New York est la ville du monde qui déçoit le moins l'étranger. Le premier sentiment d'un homme qui descend par exemple à la gare du

Nord, à Paris, est souvent la déception. J'en connais même qui mettent des semaines à découvrir le fameux charme dont ils avaient tant entendu parler.

Londres, au premier abord, est plutôt revêche et il faut plus de temps encore pour le comprendre et l'apprécier.

À New York, surtout si vous débarquez d'un bateau, vous vous trouvez immédiatement dans la ville que vous aviez imaginée. Les buildings sont exactement comme vous les avez vus au cinéma. Le mouvement de la rue n'a rien de frénétique et vous vous étonnez, au contraire, de pouvoir flâner tout à votre aise.

Ce qui vous surprend le plus agréablement, c'est la lumière, car New York est une des villes les plus claires qui soient, en dépit de ces buildings de cent quinze étages. Comment ceux-ci ne donnent-ils pas d'ombre, je n'en sais rien. Nulle part les avenues, les rues, ne sont encaissées. Partout de la pierre blanche et de larges tranches d'un ciel que j'ai presque toujours vu d'un bleu lumineux.

Je sais bien que ma femme va m'objecter : « Si on s'y sent si vite chez soi, c'est que la ville manque de caractère. » Évidemment ! Les hommes « tout ronds », dont on se sent l'ami dès la première minute, n'ont généralement pas grand-chose à vous offrir ensuite, alors qu'il faut un certain temps pour découvrir les qualités des personnes vraiment intéressantes.

Tant pis ! J'aime New York, et m'y sens plus à l'aise que partout ailleurs, hors de chez nous. Si j'étais italien, tchèque, scandinave, je m'y sentirais tout autant chez moi.

D'abord parce que la ville est si cosmopolite que, à quelque nationalité que vous apparteniez, vous tombez immédiatement sur des compatriotes. Il y a des quartiers entiers de chaque race. Américanisés, certes, mais ayant gardé malgré tout leurs caractères, leurs boutiques, leurs restaurants.

Dans tout magasin de luxe de la Cinquième Avenue, surtout dans la couture, il y a au moins un Français ou une Française. Les meilleurs restaurants sont français et il y a autant de restaurants italiens qu'à Rome.

Je me souviens de mon débarquement voilà un peu plus d'un an. La plupart des passagers qui descendaient en même temps que moi n'avaient jamais vu la cité des buildings. Beaucoup ne parlaient pas un mot d'anglais.

Or, vingt-quatre heures plus tard, je les rencontrais et ils étaient déjà « affranchis ». Peu de temps leur avait suffi pour étudier le plan de la ville et ils n'avaient besoin ni de prendre des taxis ni de demander leur chemin.

Tout n'est pas beau dans la ville, je m'empresse de le dire. Dès que vous dépassez la deux centième rue et que vous atteignez le Bronx, dès que vous franchissez un pont et que vous tombez dans Brooklyn, il faut un solide optimisme pour ne pas se laisser aller au plus noir découragement.

La misère de certaines parties de Montmartre ou du XIVe arrondissement, voire du XXe, garde un certain cachet pittoresque.

À New York, il n'y a pas que la misère à être épouvantable, la médiocrité l'est presque autant, sinon davantage. Il faut voir, à l'infini, ces cubes de briques noirâtres avec, à l'extérieur, un hideux escalier de fer pour les cas d'incendie. On ne s'est pas soucié d'architecture, je vous prie de le croire. Les fenêtres sont des trous carrés sans ornement, la porte un autre trou. Tout est utilitaire. Nos maisons de la rue Lamarck ou du quartier Voltaire sont des chefs-d'œuvre de grâce en comparaison, et, le plus terrible, c'est qu'il y en a des milliers et des milliers, que cela s'étend à perte de vue, sans une oasis, sans un espoir, sinon celui que le pays est assez riche et assez entreprenant pour, un de ces jours, jeter tout cela par terre d'un seul coup et reconstruire en vue de la gaieté et de la joie de vivre, comme dans les campagnes et dans les petites villes.

Le métro est un triste tunnel de béton sale, les stations sont mornes et pisseuses, les wagons aussi ; et l'on se met à regretter nos affiches familières et les merveilles de Cappiello.

Seulement l'étranger ne va ni dans le Bronx, ni dans Brooklyn, sinon pour une courte plongée à la recherche d'inédit. L'Américain riche n'y met pas non plus les pieds, la vie de la ville étant limitée pour les uns et les autres aux quartiers d'affaires et aux quartiers résidentiels de Manhattan. Même pour sortir de la ville, je vous l'ai dit, il y a un *parkway* qui vous évite de traverser les banlieues sordides.

Et c'est pourquoi il vous est si facile de garder votre optimisme.

10

Ici on travaille dans l'air stérilisé

Lorsque j'étais en Europe, l'idée de travailler un jour dans une alvéole située au quarantième ou au soixante-cinquième étage d'un building m'était si intolérable que j'en avais les orteils qui se retournaient.

Que c'est agréable et pratique, pourtant ! Un exemple : J'avais décidé, cette fois-ci, de ne m'arrêter que trois heures à New York, afin de retrouver aussitôt ma vie sur la grand-route. Mes affaires pourtant me forçaient à me rendre à sept ou huit adresses différentes.

Je ne pense pas qu'ailleurs cela m'eût été possible. Ici, j'ai tout fait, à pied, tranquillement, parce que la plupart des distances se parcourent, non en longueur mais en hauteur, dans des ascenseurs ultrarapides. Mes éditeurs, les journaux, les avocats, les magasins importants, tout se trouve dans un espace guère plus vaste que les Champs-Élysées ; seulement, vu la hauteur, cela se multiplie par une bonne cinquantaine de fois.

Un building est une ville où l'on trouve de tout. Je suis chez mon éditeur, au quatre-vingt et unième étage. Avons-nous un contrat à « photostater » ? Le photographe est à un étage au-dessous. Faut-il notarier un acte ? Le notaire est au bout du couloir. Je n'ai pas eu le temps de faire cirer mes chaussures. Le cireur, sur un coup de téléphone, monte et s'en occupe pendant que nous discutons. Il y a un restaurant en bas, un bar, une pharmacie, un marchand de chaussures et un chemisier. Toutes les professions sont représentées, ou presque. Il n'y a pas besoin de prendre un autobus ou un taxi, mais simplement d'entrer dans l'ascenseur.

Les bureaux sont vastes et gais. En principe, sauf pour les grands patrons, il n'y a pas de bureaux individuels, mais une immense pièce dans laquelle chaque employé est installé devant sa table, avec son téléphone, et, devant lui, son nom inscrit sur une jolie plaque.

Car, ici, chacun garde sa personnalité. Dans les banques, dans les bureaux de poste, vous ne vous adressez pas à un employé anonyme. Son nom vous est appris par la petite plaque en question. De même dans les magasins pour les vendeurs, de même partout.

Qui parlait de faire des hommes les rouages inconscients d'une machine ? Et ne trouvez-vous pas que c'est déjà quelque chose, pour quelqu'un qui travaille, de garder son nom au lieu d'être le vendeur roux du rayon des cravates ou la dactylo de M. Untel ? Dans beaucoup de bureaux, en outre – partout à partir d'un certain grade –, il est permis de fumer. Chacun est plus ou moins responsable d'un service déterminé et est autorisé à prendre des initiatives.

Vus d'ici, les sombres bureaux de Londres et les bureaux délabrés qu'on trouve encore chez nous aux environs des Grands Boulevards et de la Bourse paraîtraient un enfer.

Par exemple, n'essayez pas d'ouvrir les fenêtres. Vous avez remarqué qu'il ne fait pas chaud en été, qu'il ne fait pas froid en hiver. Et vous vous demandez pourquoi. C'est que partout l'air est climatisé, autrement dit purifié et distribué à la température voulue.

Cela ne vaut-il pas mieux que les bureaux où il y a un poêle, pittoresque, certes, mais où on gèle en hiver et où on crève de chaud en été ?

Il n'y a pas de fermeture à midi, ni pour les bureaux ni pour les magasins, ce qui permet aux gens qui travaillent d'être libres beaucoup plus tôt qu'en Europe. Ils vont manger par équipe. Pas chez eux, bien entendu, ce qui demanderait peut-être une heure de métro ou de train. Souvent dans le building même, ou à côté.

Rarement dans un restaurant. De préférence, dans une *cafétéria*, où l'on vous sert rapidement des jus de fruits, des sandwichs, des plats chauds ou froids, des pâtisseries et de grands verres de lait. Pour quarante ou cinquante *cents* vous faites dans un établissement de ce genre un repas suffisant.

Ma femme, une fois de plus, dira que ce n'est pas bon, que cela n'a pas de goût, que, quoi que l'on mange, c'est toujours du carton à la pâte dentifrice.

Elle a presque raison. Mais mon enthousiasme me fait répondre que tous les produits sont rigoureusement contrôlés et sont absolument sains.

Vive la cuisine française ! Vive la cuisine tout court, la vraie ! À condition qu'il y en ait pour tout le monde. Lors de mes débuts à Paris, voilà vingt-cinq ans, j'ai mangé pendant quelques mois dans un de ces bouillons, près des Grands Boulevards, où, pour trois francs cinquante d'alors, nous avions des hors-d'œuvre, un plat de viande, un plat de légumes, un fromage, un dessert et une petite fillette de vin. Après huit jours, mon visage se couvrait de boutons, et mon estomac ne s'en est pas encore tout à fait remis.

Pourquoi pas, plutôt, le sandwich anonyme à midi, avec un grand verre de lait, ce qui permet, dès quatre ou cinq heures, l'envol vers des campagnes aérées ?

Je ne prétends pas que la philanthropie et l'amour des travailleurs soient seuls à intervenir ici, mais il y a un autre détail digne de remarque : ce qui concerne le travail a été soigneusement étudié afin d'éviter toute peine inutile.

Le dactylo dispose d'un bureau juste à sa hauteur, d'une lampe calculée pour ne pas lui blesser les yeux et ses dossiers sont à portée de sa main. Sa chaise, elle aussi, est conçue de façon à ne pas lui donner de courbatures. Et il en est de même pour la plupart des corps de métier.

Je suppose qu'il règne à New York, comme ailleurs, une discipline assez sévère. Elle a le mérite de ne pas se sentir à cause de la cordialité, je dirais, de la familiarité qui est de règle entre patrons et employés. Le patron n'est même pas M. Smith ou M. Brown. Le plus souvent on l'appelle par ses initiales.

— J.B. vous appelle…

Ou bien :

— Dites-moi, J.B…

Le costume du grand chef et celui du garçon de bureau se ressemblent comme deux gouttes d'eau. Ils ne sont peut-être pas du même tissu, mais ils sont à peu près aussi bien coupés l'un que l'autre. Parce qu'on s'est efforcé de donner à chacun une égale aisance de mouvements et un aspect aussi agréable.

En arrivant, jadis, j'ai demandé à mes amis éditeurs, journalistes ou autres :

— Donnez-moi donc l'adresse d'un bon tailleur…

Ils m'ont tous envoyé dans le grand magasin de la Cinquième Avenue où ils s'habillent eux-mêmes. Il y a encore quelques tailleurs de plus en plus rares, pour les maniaques obstinés ou pour les tordus qui découragent la confection. Celle-ci a atteint à un degré de perfection tel que, des chemises aux chaussures, en passant par l'habit, vous trouvez toujours exactement ce qu'il vous faut.

De sorte qu'il est difficile, dans la rue, de reconnaître le millionnaire de l'agent d'assurances. Et aussi parce que personne n'essaie de se distinguer par une supériorité vestimentaire. Sauf certaines femmes, bien entendu. Beaucoup de femmes. Mais cela, c'est une autre histoire. Et elles n'y arrivent pas toujours, loin de là. C'est encore dans les bureaux, parmi les secrétaires et les dactylos, qu'on rencontrerait les femmes les mieux habillées.

Que de fois, au cours de notre randonnée, ai-je vu dans une « cafétéria » quelconque, des hommes en tenue fort négligée, sans ce que nous appellerions le moindre signe extérieur de richesse. Ils sortaient et c'était pour monter dans une « Cadillac » de six cent mille francs.

Il existe des restaurants élégants. Mais les gros banquiers de Wall Street mangent le plus souvent, coude à coude avec leurs employés, à des comptoirs démocratiques. Non par forfanterie. Non pour flatter le peuple. Mais parce que c'est là que l'on trouve ce qu'ils ont envie de manger. Parce que cela ne les amuse pas du tout de perdre deux heures pour déjeuner et d'avoir trois maîtres d'hôtel affairés autour d'eux.

Est-ce à cela qu'il faut attribuer la gaieté qu'on respire dans la plupart des endroits où l'on travaille ? Car il est incontestable qu'il règne ici une atmosphère assez enjouée, qu'on vous reçoit presque partout avec le sourire, qu'on plaisante volontiers, que jamais vous n'avez l'impression, comme il arrive, par exemple, dans certaines de nos administrations, de vous trouver en face d'un monsieur qui supporte à lui tout seul le poids du monde.

Maintenant, il est fort possible que, si j'étais condamné à vivre dix ans dans une de ces alvéoles et à prendre mon train chaque soir pour quelque lointaine banlieue…

11

Fantaisies et contradictions de la route n° 1

Il est dit que cette sacrée route n° 1 m'obligera à modifier sans cesse mes jugements. Grâce au *parkway*, je suis entré dans New York en roulant, comme on dit vulgairement, mais le mot est juste en l'occurrence, sur le velours. La sortie est-elle plus difficile que l'entrée ? Ai-je eu tort, à un moment donné, de ne pas franchir un pont que j'ai aperçu trop tard sur ma droite ?

Allons ! Je veux être sincère. J'ai aperçu le pont à temps, mais il était tellement vertigineux, suspendu dans le ciel, à une hauteur considérable, comme le filet des trapézistes qui travaillent dans la coupole du cirque, que je me suis donné de bonnes raisons pour continuer tout droit. Par exemple, le désir de franchir un des deux tunnels creusés sous l'Hudson et au-dessus desquels voguent les transatlantiques.

Mal m'en a pris. D'abord il s'est mis à pleuvoir comme je n'ai jamais vu pleuvoir, sauf en Afrique équatoriale. Une pluie qui, en quelques minutes, transformait les rues en torrents.

Ensuite – et peut-être cette pluie est-elle pour quelque chose dans mes impressions –, je suis entré tout de go dans un paysage apocalyptique que je n'avais encore vu que sur certaines toiles de Fernand Léger. La route devenait pont ou les ponts devenaient routes, je n'en sais rien. Un monde de béton et de fer, en tout cas, avec des pistes tracées sur le sol comme les rails d'une grande gare, y compris les multiples embranchements.

Par malheur, il manquait l'aiguilleur. Des flèches. Des mots écrits en trop petit et que la pluie empêchait de voir. Toujours ces autos à gauche et à droite vous donnant l'impression d'être en quelque sorte emprisonné. A-t-on vraiment le temps de tendre le bras par la portière pour arrêter tout ce que vous avez derrière vous et qui trépide d'impatience ?

Tout cela, malgré les règlements que je m'étais fait un scrupule d'observer, roule à cinquante ou soixante milles à l'heure, se dépasse, s'entrecroise, disparaît à gauche ou à droite sur des plans inclinés qui conduisent Dieu sait où.

Je me penche et je m'aperçois que je suis très haut et qu'en dessous de moi ce sont des terrains vagues, des rails, des collines de détritus et quelques carrés de pommes de terre. Plus loin, des usines et de nouveaux terrains vagues, un navire en construction dans un chantier naval que nous enjambons.

Ici, vraiment, je l'avoue en toute simplicité, l'Amérique m'a effrayé. Mon pouls battait plus vite, au rythme de ces milliers de moteurs qui me cernaient. Je me disais qu'au quart de seconde d'inattention… Toujours la pluie et, à perte de vue, des cheminées géantes, des canaux, des terrains vagues, des poutrelles et des scories, un monde de cauchemar que surplombait – en y descendant parfois – notre route qui n'était pas une route, qui n'avait pas l'air de tenir à la terre, qui était quelque chose d'artificiel et de monstrueux suspendu dans l'espace.

Combien de milles j'ai parcourus de la sorte, je n'en sais rien. Mes tempes battaient la mesure en même temps que mon essuie-glace et le dos me faisait mal à force de me pencher pour deviner ma piste à travers les vitres déformantes.

Il était cinq ou six heures du soir. J'ai aperçu une ville, enfin, quelque chose qui ressemblait à une ville, et j'ai déclaré, excédé :

— Nous couchons ici !

Impossible de rouler dans l'eau plus longtemps. Et je gardais cette impression enfantine que, si ma voiture s'arrêtait pour une raison quelconque, les milliers de voitures qui me suivraient continueraient imperturbablement leur route.

Des rues. Des usines. Des magasins. Quelques grands buildings isolés et qui paraissaient, par le fait, plus hauts qu'à New York. Des agents en ciré et des humains qui couraient à travers les rues devenues rivières.

Quel délice de pénétrer soudain dans le *lobby* d'un grand hôtel paisible et confortable ! Sans même que nous ayons seulement ouvert la bouche, on nous annonce que tout est complet. Complet partout, comme toujours, dans les quatre grands hôtels de cette cité industrielle qui s'appelle Newark.

Vue dans d'autres conditions, cette ville est peut-être riante. Qui sait ? Je garde le souvenir de la cité la plus effroyable et l'hôtel où on a fini par nous envoyer, un hôtel de second ordre, mais de bonne apparence extérieure, n'est pas fait pour atténuer ce souvenir.

Chambre, salle de bains, salon. Dans le salon un appareil de radio automatique dans lequel il suffit de glisser une pièce de 25 *cents.* Tout cela est sale, triste, lamentable comme ne le serait pas le dernier des meublés de La Villette. Il n'est pas question de se servir de la baignoire que protège un rideau noir de crasse, ni du cabinet. Aurons-nous le courage de nous coucher ? Nous l'avons, hélas, et je crois bien que c'est ici que nous avons attrapé les poux que, quelques jours plus tard, nous devions nous découvrir sur la tête.

Si nous avions franchi ce pont vertigineux – moins vertigineux en définitive que la route que nous avons suivie – nous aurions sans doute évité ce cauchemar.

D'autant plus que le lendemain, il nous suffit de quelques milles pour tomber cette fois en plein rêve. Notre route n° 1 est en réparation et des flèches nous détournent vers des chemins secondaires.

Brusquement, c'est la solitude et c'est presque le Paradis terrestre. Où sont les voitures dont le cortège nous emprisonnait ? Je n'en sais rien. Elles n'ont pas dû obéir aux flèches. Ou bien n'allaient-elles pas plus loin que Newark ?

Nos petits chemins à nous nous promènent à travers un parc immense semé de propriétés somptueuses, de vergers, de jardins, de grands bois où chantent des milliers d'oiseaux.

Nous sommes à peine à soixante milles de New York en ligne droite et c'est déjà, comme à cinquante kilomètres de Paris, la forêt de Fontainebleau, mais une forêt de Fontainebleau qui serait grande comme la moitié de la France.

Je sais bien qu'à gauche et à droite, quelque part, il y a des villes, mais je ne tiens pas à les voir, ni Bethlehem, dont le nom évangélique couvre des aciéries, ni Philadelphie, ni Trenton…

Nous roulons dans un paysage aux collines douces, aux arbres vigoureux, aux rivières scintillantes. De temps en temps, une ville minuscule, quelques maisons blanches, des toits rouges, des pelouses, comme il se doit, des massifs de fleurs.

Nous sommes en Pennsylvanie, le domaine du vieux Penn qui écrivait du pays qu'il avait fondé et qui devait rester longtemps sa propriété avant de devenir un État :

— *Oh ! Que le calme est doux dans ces lieux qui ne connaissent point les troubles et les perplexités de la malheureuse Europe.*

Il y a trois siècles et demi que le vieux monsieur écrivait cela et, le plus extraordinaire, c'est qu'à côté des cités géantes qui se sont élevées sur son territoire ces mots gardent aujourd'hui leur valeur.

La route n° 1 nous a trahis en nous faisant passer par la banlieue industrielle, mais, par bonheur, des réparations nous ont remis dans le bon chemin.

Étrange et merveilleux pays, ne trouvez-vous pas, où, à moins d'une heure d'une ville de deux millions d'habitants, on pêche la truite dans un décor presque vierge ?

Ma femme, elle, a obliqué davantage sur la droite. Et, à trois heures de New York, en roulant vite comme elle en a la manie, elle s'est trouvée dans les Montagnes Bleues.

Une route en corniche, des sites que l'on voudrait encore peuplés d'Indiens, une route si peu américaine dans le sens que l'Europe donne à ce mot qu'elle a dû parcourir près de cent milles avant de dénicher une pompe à essence.

Ni garages, ni villes, ni villages. Ni boutiques à *Coca-Cola* et à *hot-dogs*. Rien que des arbres, des oiseaux, des rivières, des ruisseaux. Pas de « cabines » non plus. Personne pour vous tirer d'affaire si vous tombez en panne.

Et cela vous explique qu'un industriel, un commerçant de New York ne passe pas ses *week-ends* dans un Deauville quelconque mais vous annonce simplement :

— Je vais dans mon camp…

En avion peut-être. Peu importe. Dans un endroit aussi désert que celui que je viens de vous décrire, où il possède une hutte en rondins où il va pêcher ou chasser, seul ou avec quelques amis, et où il sera obligé – ou ce sera sa joie – de faire son lit, de balayer le plancher et de préparer la tambouille.

Car c'est une grande vertu des Américains de savoir se passer de domestiques. Parce qu'ils n'en ont pas, ou guère, me rétorquerez-vous ? Peut-être. Je n'en suis pas si sûr. Ce sont les boutiquiers enrichis de Broadway ou de Lexington Avenue qui vont se reposer dans les hôtels plus ou moins fastueux. Ce sont les gens vraiment « bien » qui s'enfuient vers les camps du Maine, des Montagnes Bleues ou d'ailleurs, où leur ambition est de mener pendant quelques jours une vie frugale de trappeurs – des trappeurs qu'étaient souvent leurs ancêtres, dont ils s'enorgueillissent à bon droit.

12

Le guichet où toutes les nations du monde attendent des crédits

Est-ce qu'il serait vraiment ridicule que, consacrant une vingtaine d'articles à l'Amérique, je ne parle pas de Washington ? Je me refais un peu l'effet d'un étranger parlant de la France de Louis XIV et omettant de citer Versailles. Je me souviens des années de guerre, de la résonance qu'avait alors le mot Washington, comme le mot Roosevelt. Je me souviens, l'an dernier, de la ruée de tous les diplomates de l'univers, de tous les financiers, de tous les économistes, vers cette ville qui devenait en quelque sorte le nombril de notre planète. Et ce n'est pas fini. Pas une nation qui n'entretienne à Washington des délégations, des commissions de toutes sortes. En bref, dans cette ville, à moins d'être américain, tout le monde est « délégué ». Et les Américains sont membre d'un « office » de production ou de répartition quelconque.

J'ai bien failli « brosser » Washington, comme nous disions au collège, c'est-à-dire passer outre, de préférence par une de ces routes enchanteresses dont je vous ai parlé. Je m'y suis arrêté quand même par conscience professionnelle.

Et, ma foi, je ne trouve rien à en dire. Ce n'est ni beau ni laid ni immense ni petit ni grouillant ni morne. Ce serait plutôt trop chaud que trop froid en été, mais je n'y étais pas à ce moment-là.

Ne parlons pas des hôtels, où il faut être au moins chef d'une délégation de première classe pour coucher dans une baignoire. D'ailleurs, on est averti à l'avance. Vingt milles avant la ville se dresse au bord de la route un coquet bureau touristique ou l'on est reçu de la façon la plus charmante qui soit.

Que j'en profite, par crainte d'oublier, pour dire qu'à de rares exceptions près, aux États-Unis, on est bien reçu partout. Pas seulement les Français. Pas seulement par sympathie personnelle. Mais par principe. Parce que l'on considère que la bonne humeur fait partie de l'hygiène. La radio, elle-même, vous donne des cours de bonne humeur.

En général on vous reçoit gaiement, ce qui inclut cordialement.

Cordialement donc, on nous désigne un groupe de cabines, a huit ou neuf milles de la ville, pour laquelle on nous remet un ticket. Et ce sont nos premières cabines de luxe, comme nous allons en trouver désormais dans le Sud, non plus en bois, mais en pierres ou en briques. C'est un cottage dont maints bons bourgeois français se contenteraient, d'un confort raffiné, avec un garage personnel dont la porte se lève drôlement, comme vous l'avez peut-être vu au cinéma.

Mais revenons à Washington, dont les plans ont été tracés jadis par un Français. De larges avenues. De vastes perspectives. De la verdure et du gazon comme dans toutes les villes américaines. Je me demande seulement si, ici, on n'en a pas mis un peu trop, si on n'a pas exagéré la largeur des rues.

Bien qu'il y ait tant de monde, que la ville soit, paraît-il surpeuplée, j'ai un peu l'impression d'un monsieur qui a enfilé un veston trop grand.

Je payerais cher pour une rue étroite, pour une maison sale ou simplement pour une maison ordinaire, qui ne soit pas un petit palais. Tout est si harmonieux, si riche, si cossu, qu'on a l'impression que la ville est passée chaque matin à l'aspirateur électrique.

Les habitants idem. Parce que ce ne sont pas des hommes comme vous et moi. Ni les Américains, ni les étrangers en résidence. Ce sont des fonctionnaires. Aïe ! Ils ne vont probablement pas aimer ce mot-là. Mettons que ce soient les nouveaux rois, la nouvelle aristocratie, de celle des gens qui occupent un poste plus ou moins élevé dans une délégation ou dans un « office ». Les uns sollicitent pour distribuer chez eux, les autres distribuent ou enquêtent, mais cela revient au même.

Ce sont des gens qui vivent entre eux, se retrouvent dans les mêmes ambassades, dans les mêmes réceptions et dans les mêmes restaurants avec leur femme et qu'on revoit la nuit dans les *night-clubs* des environs avec leurs dactylos.

Même les dactylos qui ne sont pas des dactylos comme les autres mais qui appartiennent par les mœurs, le maintien, le costume et le langage à ce petit monde où chacun dirige quelque chose et où on ne traite les problèmes humains que par statistiques et par millions de bouches à nourrir, de pieds à chausser, d'arbres à abattre, de pangos ou de lires à transférer.

Si, au restaurant, vous écoutez les conversations autour de vous – encore que les tables soient diplomatiquement éloignées les unes des autres, mais certaines gens en place aiment à parler fort – vous aurez l'impression de lire les Chroniques de l'Œil de Bœuf. Washington est une grande capitale et c'est une petite ville de province où tout se sait. Ce n'est même pas une ville : c'est la Cour.

Une Cour démocratique, dont le tout-puissant Président habite une maison blanche pas beaucoup plus grande que les autres, entourée d'un parc cerné de grilles.

Une Cour quand même, ou tel nouveau chapeau de la femme de tel ambassadeur fait l'objet de conversations et où l'on sort tous ses bijoux à la moindre occasion.

Comme aspect extérieur ? Il y a certains coins, à Neuilly, qui y ressemblent assez. C'est beau et c'est ennuyeux en diable (« ennuyant en grand », comme dit ma Canadienne de secrétaire). Il n'y a qu'ici, aux États-Unis, qu'on trouve encore des hommes habillés comme sur les gravures de modes et qui parviennent, Dieu sait comment, à rester figés du matin au soir.

Lorsque j'y étais, on leur a joué un bon tour. Le personnel des hôtels s'est mis en grève. Or, la plupart des « délégués » et des personnages haut placés habitent l'hôtel. De sorte qu'ils ont dû faire leur service eux-mêmes et l'on a vu de grandes réceptions où ces messieurs-dames en grande tenue et avec toutes leurs décorations se relayaient dans la « cuisinette » pour donner un coup de main à la maîtresse de maison.

Il y a le Potomac. Vous vous souvenez des communiqués : « Le Président est parti en croisière sur... » Le Potomac est une admirable rivière pleine de yachts admirables. Avec des villas admirables autour. Et des gens qui sont devenus quelque chose de tellement important dans leur pays ou dans celui-ci que la plupart du temps ils ont fini par se prendre au sérieux.

Je n'ai pas traîné à Washington, ne m'en veuillez pas. Au surplus, le souci de la vérité m'oblige à dire que, depuis New York, depuis surtout cette sale sortie par la banlieue et la nuit passée dans un hôtel pouilleux, je n'ai qu'une hâte : d'arriver dans les États du Sud.

Le reste, je le connaissais déjà et il y a des mots qui me chantent aux oreilles depuis mon enfance, des mots que je voudrais pouvoir enfin accompagner d'images : Virginie, Caroline, Géorgie, Floride...

Il y a les plantations de tabac et de coton. J'en suis tout près. Washington marque la limite des anciens États esclavagistes et antiesclavagistes.

Comprenez-vous maintenant que je ne me sois pas attardé dans cette ville qui n'est probablement pas plus laide qu'une autre, que d'aucuns trouveront peut-être agréable, qui est américaine malgré tout, encore que je n'y aie pas reniflé l'odeur américaine, mais qui, pour moi, représentait la porte d'un monde que je ne connaissais pas encore et qui m'attirait violemment ?

J'en ai oublié de vous parler d'une autre grande ville, Baltimore. C'est bien. C'est grand. C'est propre. Des buildings pour le centre des affaires. Des petites maisons pour tout le monde, bien pareilles, soigneusement rangées, dans de larges rues aérées où les enfants glissent sur des patins à roulettes. D'autres maisons, dont nos ouvriers seraient fiers, pour les Noirs, avec le soir les familles nègres qui prennent le frais sur leur seuil de plusieurs marches.

Je ne parle pas de l'université, des écoles, des bibliothèques, de tout ce qui est public et qui, sur ce continent, est toujours prodigieux.

Tant pis pour Baltimore aussi, lequel d'ailleurs ne peut prétendre à un meilleur traitement que Washington, je file vers le Sud.

Et je tiens, coûte que coûte, à coucher en Virginie.

13

Guerre aux dents malades et au concept d'infériorité

Il y a des moments où je me sens gêné et où j'ai envie de vous demander, comme quand on raconte des histoires dans un cercle d'amis :

— Arrêtez-moi quand je commencerai à vous ennuyer.

Car je suis tenté de tout vous narrer de ce qui m'a passionné, de ce qui concerne un peuple qui a pris une telle place dans le monde, qui y joue et qui continuera à y jouer un rôle si prépondérant. D'autre part, je me dis que vous avez peut-être déjà lu tout cela quelque part, ou que vous l'avez vu au cinéma. Il ne me reste donc qu'à compter sur mon ami Pierre Lazareff pour couper ce qui, dans mes bavardages, n'est pas susceptible de vous intéresser.

Avant de passer au Sud, il y a encore quelques petites choses dont je voudrais parler, parce qu'elles concernent les États-Unis dans leur ensemble.

Ceci, par exemple : quand, en France, vous apercevez une ville de loin, les monuments qui vous frappent la vue sont l'église, le château, parfois la mairie, souvent la Banque de France ou une autre banque ; au Canada, dès qu'un bâtiment est d'importance, soyez sûr que c'est un séminaire ou un couvent ; aux États-Unis, du nord au sud, en dehors des buildings, les constructions les plus vastes, les plus somptueuses, dans les sites les plus agréables, sont invariablement les écoles, les collèges, et les universités.

L'enfant est roi. Le jeune homme est roi. De même que l'Amérique a déclaré la guerre aux dents gâtées, mettant ainsi de l'or dans toutes les bouches, de même elle a déclaré la guerre au sentiment de contrainte qui, chez l'enfant, risque d'engendrer un concept d'infériorité.

Maintenant que j'ai vu leurs écoles, je me demande même si les prisons américaines sont aussi tristes et aussi délabrées que la plupart des écoles de chez nous.

Le parc, le terrain de jeux et de sports, sont évidemment de rigueur, la piscine fréquente. Les classes sont vastes et ensoleillées et les jeunes élèves sont plus souvent assis en rond autour du maître que prisonniers à leur banc.

Voilà huit jours que mon fils a fait son entrée dans une de ces écoles, une simple école publique, et, lui qui n'avait jamais connu la moindre contrainte, a été émerveillé de sa nouvelle vie. Il s'y rend à huit heures et demie, finit à deux heures et, moyennant un dollar par semaine, il reçoit à midi un *lunch* complet, avec sa petite bouteille de lait individuelle. Les enfants, petits et grands, vont se servir eux-mêmes, s'installent où ils veulent pour manger. Moyennant cinq *cents* (la plus petite pièce de monnaie d'ici, car le *cent* en bronze n'a guère cours que pour les timbres-poste), moyennant cinq *cents*, dis-je, il peut s'offrir une crème glacée ou une bouteille de Coca-Cola. À noter qu'à tour de rôle les parents des élèves sont invités à venir surveiller la confection des repas.

Toutes les classes sociales sont mélangées. L'école est gratuite, ainsi que les fournitures. Par contre, un écriteau annonce que les parents des élèves qui possèdent une auto doivent obligatoirement prendre leur plaque d'immatriculation en Floride. Je m'étonnais, cherchais le rapport. On m'a expliqué. Cela tient à ce que les écoles de Floride sont payées par les taxes sur les automobiles.

Comprenez-vous ? À moi, cela m'apparaît comme un monde. Je ne crois pas que le mot contribuable existe ici. En tout cas, s'il existe, il n'a pas le sens péjoratif qu'il prend volontiers chez nous. Le contribuable n'est pas l'ennemi dont l'État soutire le maximum et auquel il rend le minimum de comptes et de services. Le citoyen n'est pas fait pour l'État, mais celui-ci pour le citoyen.

Et le citoyen tient à être bien servi, à disposer de bureaux publics où il soit aimablement accueilli dans un cadre agréable, d'hôpitaux modernes, de services fonctionnant sans friction et sans heurt, d'écoles enfin où ses enfants vivent une vie allègre.

Il existe des collèges payants, mais il existe aussi des quantités inouïes de bourses, car les anciens élèves, devenus riches, tiennent à faire un don à l'établissement qui les a formés. Et les étudiants pauvres ont en outre la ressource de poursuivre leurs études gratuitement en servant leurs camarades.

Je me demande si cela serait possible ailleurs. Aux États-Unis, cela paraît naturel et cela ne gêne personne, parce que personne n'a honte de son travail, quel qu'il soit.

Au Canada déjà, dans les grands hôtels de villégiature, le service de table est assuré par des jeunes filles de bonne famille, étudiantes qui, pour voir du pays à bon compte, s'embauchent ainsi en groupes, et, moyennant trois ou quatre heures de travail par jour, jouissent de la plage privée de l'hôtel, de son golf, de ses tennis, etc…

J'ai demandé à un Américain :

— Qu'est-ce qu'on apprend surtout dans vos écoles ?

— À avoir confiance en soi, confiance en l'homme, en la volonté de l'homme, confiance dans la vie…

Sans être méchant, je crois que je pourrais traduire :

— Avoir confiance dans les possibilités illimitées du citoyen américain.

Le concept d'infériorité est l'ennemi numéro un. On vous l'extirpe scientifiquement comme une dent malade parce que, si la dent malade fait de mauvais estomacs et par conséquent de mauvais intestins et un mauvais foie, le concept d'infériorité produit des aigris, des inadaptés, des malheureux.

Apprenez donc à taper tranquillement sur la gueule de votre voisin, sans haine, mais sans pitié, s'il n'est pas fair-play.

Certains, qui n'aiment pas l'Amérique, m'ont objecté perfidement :

— C'est, en effet, à peu près tout ce qu'on apprend dans leurs écoles.

Et, certes, on n'y insiste pas beaucoup sur ce que nous appelons les humanités. Parce que les humanités jettent facilement le doute dans les esprits. Or, il ne faut douter de rien. L'honnête homme a besoin de quelques vérités simples qui soient une fois pour toutes des vérités. On les absorbe, et on n'y revient plus.

Ne vaut-il pas mieux laisser les angoisses philosophiques à quelques-uns qui sont assez solides pour les supporter, au lieu de semer une graine aussi dangereuse dans des terrains mal préparés ?

Voilà, je crois, la conception américaine. Des corps sains et vigoureux. Des connaissances techniques. Quelques vérités premières auxquelles on ne pensera plus et une confiance illimitée dans les destinées de l'homme, dans les destinées de l'Américain.

Et, ma foi, je ne trouve pas que ce soit si bête que ça. Surtout que cela n'empêche pas la formation de lettrés et de philosophes comme mon ami O'Brien, professeur à l'Université de Colombia, et comme tant d'autres que je connais moins bien, mais qui, chez vous, feraient figure de grands érudits.

Au surplus, vous êtes libre, après tout ce qu'on vous a dit en classe, de vous révolter si cela vous plaît, si vous avez le cœur et la tête assez solides, et on vous applaudira sans rancune si vous devenez des Hemingway, des Steinbeck, des Dos Passos, des Caldwell.

Vous n'êtes inférieur à personne. L'instruction vous aidera certes, mais on vous apprend que Lincoln ne savait pas lire à vingt ans et qu'il en a été de même pour deux ou trois des Présidents les plus illustres des États-Unis.

Donc, devenez d'abord un homme, un homme sans cauchemars, un homme qui n'a pas peur de son ombre et qui craint encore moins celle des autres. Tapez dur si on vous embête, mais soyez généreux. N'oubliez pas que chacun a le droit de penser autrement que vous et que la contradiction est salutaire, vivifiante, qu'une bonne bagarre, même s'il y a des bras cassés et des yeux au beurre noir, n'est pas une mauvaise chose parce qu'elle nous apprend à vivre.

Eh bien ! tout cela a donné un peuple optimiste, et je crois bien qu'en ce moment l'optimisme est la qualité que je prise le plus au monde.

Je ne pense pas non plus me tromper en ajoutant que ce peuple possède une proportion de savants aussi forte que n'importe quel pays du globe.

Cinq ou six de ses romanciers ont, en France même, des tirages supérieurs aux meilleurs romanciers français et, par contre, des dizaines de milliers de lecteurs attendent impatiemment, ici, qu'O'Brien ait fini de traduire en anglais le *Journal* de Gide, ceux-là qui connaissent déjà Marcel Proust sur le bout des doigts.

Apprends toujours à taper dur, mon fils. Pour le reste, on verra plus tard…

14

Au pays de « Autant en emporte le vent »

C'est une sensation rare et délicieuse, pour le voyageur, en pénétrant dans un pays, de le découvrir exactement tel qu'il l'avait rêvé. Si j'en crois mes amis étrangers, les touristes cultivés venus des quatre coins du monde connaissent ce ravissement quand ils parcourent pour la première fois la province française, que notre littérature leur avait rendue familière.

Dans le Sud, cette sensation, pour moi, a été si forte que, plusieurs fois, je me suis demandé si je n'avais pas déjà vu ces paysages ou si je ne les avais pas rêvés.

Où le Sud a-t-il commencé, à quel point précis de notre randonnée ai-je ressenti ce bien-être comparable à un bain tiède et parfumé ? Je ne sais pas au juste. Les forêts bruissantes de la Pennsylvanie ont peu à peu fait place à d'immenses étendues où les pins remplaçaient les chênes et les érables. Ceux-ci ont fini par disparaître, le ciel est devenu insensiblement plus profond, si vaste et si varié que j'oubliais souvent de regarder le paysage pour contempler les diverses couches du monde aérien où d'énormes nuages d'un blanc lumineux faisaient contraste aux tons violets des ciels d'orage, tandis que tout au fond, si loin, régnait l'uniformité sereine de l'azur.

Un Noir au lieu d'un Blanc a manœuvré la pompe à essence. Plus loin un autre nègre, coiffé d'un vieux feutre gris, cheminait le long de la route sur un cheval courtaud.

Parmi les grandes maisons coloniales aux deux étages de colonnes blanches et élancées, j'ai vu naître des bicoques aux planches non peintes, invariablement entourées, comme d'un rideau, d'arbres magnifiques dont je ne connais pas le nom mais qui sentaient déjà les tropiques.

Puis je me suis arrêté dans une toute petite ville et je veux vous la décrire, parce que nous allons désormais rencontrer partout des petites villes du même genre et, parce que, malgré de grosses différences, elles me rappellent nos petites cités de la France agricole.

Ici aussi, nous sommes en pays presque exclusivement agricole. Ces bicoques, ce sont les petites fermes d'aujourd'hui et les grandes maisons coloniales blanches, celles qu'habitaient les maîtres au temps de l'esclavage, quand les propriétés, les « plantations », comportaient plusieurs milliers, parfois plusieurs dizaines de milliers d'hectares.

La petite ville, c'est d'abord une rue large, la traditionnelle *Main Street* (rue principale) de toute agglomération américaine, mais plus aérée ici que dans le Nord, brûlante de soleil, avec les inévitables magasins « à chaîne » et leurs devantures types que l'on retrouve partout. Il y a la banque, quelques garages et marchands d'accessoires pour auto. Les étalages les plus luxueux sont, comme ailleurs, ceux de l'appareillage électrique, fourneaux, aspirateurs, radios, machines à laver, à faire la vaisselle, etc…

Puis les magasins de comestibles, blancs et nets comme des salles d'opération, avec des frigidaires géants et d'immenses ventilateurs, des monceaux de légumes et de fruits de toutes les couleurs et de tous les parfums.

Vous y côtoyez la ménagère du plus beau noir, dans sa robe de cretonne à fleurs, la « mama » aux mioches accrochés à ses jupes et la jeune femme blanche qu'une Cadillac attend à la porte.

Quelques bars, qui ressemblent encore aux « saloons » des films *western.* Des centaines de bouteilles. De hauts tabourets. Sur le trottoir un photographe en plein vent qui nous interpelle et nous apprend fièrement que son appareil est le même qui lui servait dans les foires d'avant 1900.

Des groupes de Noirs, par-ci par-là, devant les maisons, assis sur les seuils, adossés aux bâtiments en planches de la gare. L'un d'eux joue de la guitare et chante, pour son plaisir sans doute, car il ne demande rien à personne et ceux qui l'écoutent n'éprouvent pas le besoin de lui jeter de la monnaie.

Des autos, bien sûr. Il existe autant d'autos dans le Sud que dans le Nord. Mais ici il y a aussi des voitures à chevaux, de ces voitures fines, racées, aux quatre roues très hautes et presque arachnéennes. Il y a aussi des charrettes qui transportent à la ville les larges corbeilles plates ou sont rangées les feuilles de tabac blond.

Moi qui ai tant rêvé de fumer du véritable tabac de Virginie ! Voici le marché, un marché couvert et frais qui ressemble à nos Halles. Les cultivateurs, noirs ou blancs, y rangent leurs corbeilles comme nos pêcheurs rangent leurs poissons sur les dalles.

Tout à l'heure la vente se fera, à l'encan, à une vitesse prodigieuse les acheteurs étant peu nombreux, car tout le tabac est acheté par deux ou trois sociétés concurrentes.

Et à la porte, comme dans nos foires, des camelots guettent le cultivateur qui vient de faire recette pour lui vendre des cotonnades, des bretelles et de menus objets. Je pense qu'il doit y avoir aussi des joueurs de bonneteau ou de quelque jeu analogue pour purger les portefeuilles trop remplis.

Le reste de la ville ? Les maisons des Blancs, des cottages plutôt toujours aussi coquets, dans la verdure. Puis des maisons moins neuves, souvent délabrées, quelques-unes qui sentent franchement la « zone », pour les hommes de couleur.

Car il ne faut pas prononcer le mot nègre qui devient une injure *Coloured*, tout au plus. Je l'avais recommandé à mon fils avant d'entrer dans un restaurant où le service était fait par des Noirs. Soudain, mon fils, désignant notre maître d'hôtel de la plus belle ébène de me dire :

— Est-ce que le nègre…

Il hésite, car il se souvient de ma recommandation. Il se reprend :

— Est-ce que le demi-nègre…

Et comme l'autre nous écoute, il corrige encore :

— Est-ce que le Blanc…

Il y a des autobus spéciaux pour ces « Blancs »-là, il y a, dans les usines, dans les ateliers, dans les garages, des « W.C. » qui leur sont réservés. Ils ne pénètrent pas dans les mêmes bars, dans les mêmes restaurants. Et, la plupart du temps, ils ont leurs églises.

On se souvient du temps où, lors de la défaite du Sud dans sa lutte contre le Nord, l'administration du pays et tous les pouvoirs furent en grande partie aux mains des anciens esclaves illettrés.

Ils ont le droit de vote mais ils ne votent pas, parce que les États du Sud trouvent différents moyens plus ou moins légaux pour les en empêcher.

Que j'en revienne à mon tabac de Virginie, qui a été ma hantise pendant plusieurs jours. Que d'arrêts un peu partout, dans les boutiques, dans les marchés, chez les acheteurs en gros !

Or je n'ai pas fumé de tabac de Virginie, ni de Maryland, ni de Géorgie, ni des Carolines, parce que cela n'existe pas. Ces régions produisent à peu près le meilleur tabac du monde. Seulement, il est acheté en bloc par les fabricants de cigarettes et par les grandes marques qui y introduisent je ne sais quoi pour en dénaturer le goût et en faire ces tabacs « blended » que je n'ai jamais pu supporter.

Je n'en adore pas moins ces petites villes lourdes de soleil où l'on voit s'acheminer le produit des plantations, comme aux foires de chez nous, ici du tabac, ailleurs les arachides, dans un ou deux jours les balles de beau coton blanc.

Ici, enfin, j'ai vu des gens qui ne font rien, qui restent à fumer à l'ombre, qui écoutent distraitement de la musique, et qui s'en repartent chez eux le soir au petit trot d'une jument, vaguement ivres, comme nos paysans les jours de marché, avec des cadeaux plus ou moins utiles pour toute la famille.

15

Les gentilshommes du Sud se souviennent de La Fayette

Il y a eu, un matin, un palmier rabougri à côté d'un garage où nous faisions le plein d'essence et mon fils, qui guette depuis plusieurs jours le début de la flore semi-tropicale, voulait à toutes forces en couper une palme... pour son herbier. J'ai eu bien du mal à lui faire comprendre que la journée ne se passerait pas sans qu'il voie des palmiers à profusion et, dès midi, en effet, les avenues de la ville ou nous déjeunions étaient plantées de ces palmiers royaux aux longs fûts argentés et lisses, qui ressemblent aux colonnes d'un temple grec.

Aux plantations de tabac ont succédé des champs de coton sur lesquels il semble que soient tombés de gros flocons de neige soyeuse.

Et aux arbres, à présent, à ceux de la forêt comme à ceux des villes, pendent les touffes vert tendre de cette mousse espagnole qui donne au décor un air de forêt vierge.

Lorsque nous traversons des rivières aux eaux couleur de limon parfois presque rouges, aux rives à peu près inabordables tant la végétation y est drue et luxuriante, mon fils est à l'affût du moindre tronc d'arbre, du moindre bois flotté.

— Tu crois que c'est un crocodile ?

Il va en voir des centaines, des crocodiles et des alligators, de tous les âges, de toutes les tailles, certains vieux de plusieurs centaines d'années, dans une ferme, au bord de la route, qui en fait l'élevage.

Ainsi avons-nous pénétré insensiblement dans le Sud et maintenant il est assez dangereux de marcher dans la brousse, fût-ce au bord du chemin, où les serpents pullulent.

La flore a changé. De grosses fleurs rouges, qui sont des hibiscus, mettent un peu partout leur note somptueuse et il y en a d'autres dont je ne connais pas le nom, de toutes les couleurs, il y a des arbres aux formes splendides, il y a des cactus géants, des aloès, toutes ces plantes biscornues, piquantes ou velues qui nous donnent, plus que n'importe quoi, la sensation des pays chauds.

Que de changements se produisent insensiblement autour de nous depuis ces deux derniers jours ! Le ciel devient toujours plus vaste, l'horizon aussi, la terre paraît maintenant sans limites et voilà que je me rends compte que les hommes ne sont plus tout à fait les mêmes.

Que nous nous arrêtions dans un garage, dans une « cabine » ou dans un restaurant, que nous entrions dans un magasin ou que nous demandions notre chemin à un passant, nous sentons dans l'attitude, dans le langage, dans le comportement des gens quelque chose de subtil qui ne tarde pas à nous ravir.

Ce sont encore des Américains, certes, et ils sont gais, eux aussi, ils sont cordiaux et accueillants, mais ce n'est plus, me semble-t-il, à la façon du Nord. Est-ce ici que je vais découvrir, par contraste, le vrai sens du mot courtoisie ? Je crois que c'est celui qui convient. Les hommes du Sud ne sont pas seulement hospitaliers et polis, ils sont courtois. Ils ajoutent, dans les relations avec leurs semblables, ce quelque chose de ténu et de charmant qui donne tant de prix à la vie.

Tiens ! Voilà même qu'on nous parle de « bonne » cuisine et non plus de cuisine saine ou fortifiante, voilà qu'on nous demande notre opinion sur un plat qu'on vient de nous servir, un plat du Sud.

Et nous constatons que cette cuisine du Sud, qui tient une place honorable dans les préoccupations des gens d'ici, ressemble, à s'y méprendre, à la cuisine française.

— Vous venez du Canada en voiture ? Vous avez donc traversé le Nord ? Qu'est-ce que vous en pensez ?

Attention ! Sous le sourire détaché se cache un petit piège. Pour l'homme du Sud, le monde habitable commence à l'ancienne ligne de démarcation des pays esclavagistes.

Il serait exagéré de parler de haine pour ceux d'en haut, pour les ennemis d'il y a moins d'un siècle, mais il serait audacieux de parler d'amour, voire d'amitié.

Je me souviens d'une dame de Géorgie à qui ma secrétaire demandait :

— Le mot *Yankee* a-t-il encore ici un sens péjoratif ?

Et la dame, avec une expression de finesse extrême, de répondre de sa voix chantante :

— Figurez-vous que, jusqu'à l'âge de seize ans, je ne l'avais jamais entendu prononcer que *Damned Yankee* (damné Yankee) et que je croyais en toute bonne foi que cela ne formait qu'un seul mot…

N'allez pas croire que les gentilshommes du Sud soient de poil brun, que les dames de Virginie, des Carolines ou de Géorgie appartiennent à ce type créole qu'a illustré Joséphine de Beauharnais.

C'est à New York et dans les grandes villes du Nord que vous rencontrerez le plus de peaux bistrées et de cheveux noirs, parce que c'est vers le Nord industriel que s'est porté le flot des immigrants méditerranéens.

Dans le Sud, il est rare que vous aperceviez un Levantin, un Géorgien, un Grec.

L'homme et la femme du Sud sont blonds, souvent très blonds, et ils n'en sont pas peu fiers parce que, de tous les Américains, ils se considèrent comme les moins mélangés : et la plupart ont gardé l'accent de leur Écosse natale.

Le rythme de vie, bien entendu, est à peu près le même qu'au-delà de la *Ligne.* Un siècle ou presque a suffi pour unifier le pays et les grandes entreprises enjambent l'ancienne frontière, des familles entières l'ont franchie, s'installent de part et d'autre de la barricade.

Les États-Unis sont vraiment unis, mais il ne faut pas bavarder longtemps avec un homme du Sud, ni boire quelques verres de « bourbon » avec lui, pour sentir percer la nostalgie du temps jadis où les gens d'ici étaient des grands seigneurs menant, sur leurs plantations immenses, une existence raffinée.

Cela fait comme un voile, un voile discret, sur la bonne humeur du Sud. Un voile aussi sur ses relations avec l'homme du Nord qui est resté malgré tout le Yankee, qu'on ne traite plus en ennemi ni en intrus mais que, malgré soi, par atavisme, par une sorte de fidélité aux ancêtres peut-être, on tient encore à l'écart.

Dans toute l'Amérique, aux États-Unis comme au Canada, les gens n'ont pas l'habitude méditerranéenne de prendre leurs distractions en public. Ils se réunissent entre eux, entre personnes d'un même milieu et de mêmes goûts. De là les *country-clubs* que l'on voit à proximité de toute ville, si petite soit-elle, où la bonne société se réunit pour jouer au golf ou au polo, au tennis ou au bridge, pour nager, pour danser et pour boire.

En Virginie, dans les Carolines, en Géorgie, parce que plus que partout ailleurs on veut rester entre soi, ces clubs sont extrêmement fermés et si, d'aventure, des indésirables parviennent à s'y introduire, les autres n'hésitent pas à tout abandonner et aller fonder ailleurs un nouveau club.

Ici, enfin, presque tout le monde connaît ses ancêtres. Tel propriétaire d'un charmant restaurant, nous entendant parler le français, s'approche de nous, s'excuse de ne pas le parler lui-même et nous apprend avec orgueil qu'il descend par les femmes de Louis-Philippe de Sableau, venu de France en Amérique avec La Fayette. Les filles de ce Louis-Philippe s'appelaient Jeannette, Roxane et Pénélope et Jeannette de Sableau est la grand-mère de notre hôte. Par les hommes il est français aussi, c'est un Le Tournier, devenu Turner et, dans sa maison jusqu'en ces dernières années, on a gardé pieusement les usages de France.

Une ville que nous avons franchie s'appelait Fayette-ville et il existe un peu partout des restaurants qui portent le nom de notre général, des magasins La Fayette qui n'ont pas choisi ce titre à cause des galeries du même nom.

Ici même, où j'écris, le propriétaire nous avait annoncé en nous louant notre villa :

— Vous allez avoir pour voisin un Français…

J'avais oublié ce propos quand, hier, une auto s'arrête à ma hauteur.

— Puis-je vous demander de quelle partie du Québec vous êtes ? Car j'ai vu, à la plaque de votre auto, que vous étiez canadien…

Et, quand j'ai expliqué à mon interlocuteur sa méprise :

— Ma femme, poursuit-il, est canadienne… Moi, je suis français descendant des Acadiens que les Anglais ont déportés jadis du Canada… Ma famille s'est installée d'abord dans le Massachusetts puis à la Nouvelle-Orléans où beaucoup de gens parlent encore notre langue, pour la plupart des Acadiens comme moi… On m'a fait faire mes études à Montréal, afin que je les fasse en français… L'anglais je ne l'ai jamais appris à l'école…

Il n'a pas mis les pieds en Europe. Il est représentant de la *General Motors.* Il y a à peu près trois siècles que ces Français-là ont été transplantés dans un pays anglo-saxon et ils parlent toujours notre langue, avec une rare correction, que dis-je, mon voisin se moque affectueusement de l'accent et des tournures de phrases de sa femme qui est canadienne française.

Et, pour les gens du pays, il est resté un Français.

— *Vous allez avoir un Français pour voisin…*

N'est-ce pas assez émouvant ?

16

La plus grande attraction du monde

Le hasard de plusieurs pannes, un dimanche, alors que tous les garages sont fermés, que tout est fermé, qu'il n'y a pas moyen d'obtenir un verre de bière et que c'est miracle de dénicher un restaurant, l'obligation de gagner au plus vite Savannah où m'attendaient mon courrier et des câbles m'ont fait renoncer au détour qui m'aurait conduit à Charleston.

Pourquoi avais-je la certitude que Charleston ne me décevrait pas, que cette ville répondrait pleinement aux images que l'histoire et la littérature avaient créées dans mon esprit ? Il est vrai que rien, dans le Sud, ne m'a déçu, sinon peut-être, ô paradoxe, de l'avoir trouvé si pareil à ce que j'en attendais.

Ma femme, elle, a fait le détour, et je l'ai vue enfin enthousiaste dans un pays, que dis-je, sur un continent où une approbation condescendante est déjà difficile à lui arracher.

— J'ai vu des rues, m'a-t-elle téléphoné, où de l'herbe a le temps de pousser, entre les pavés, entre de vrais pavés inégaux et plantés de guingois…

Elle a vu aussi des maisons qui ne sont plus ce qu'elle appellerait volontiers des cages à humains, mais qui sont de beaux hôtels, quelques murs aux pierres sculptées, aux grilles de fer forgé, aux larges seuils que des générations ont usés.

Elle a vu des rues qui tournaient au petit bonheur, toute une ville faite pour la flânerie et pour le bon vivre, au bord de l'océan vert émeraude, avec, partout, dans les jardins et dans les cours, des bouquets de végétation tropicale.

J'ai oublié de lui demander si elle a remarqué aussi que, depuis que nous sommes dans le Sud, l'attitude des hommes vis-à-vis des femmes n'est plus la même, qu'un homme tient son chapeau à la main pour parler à une femme et se lève automatiquement quand elle entre quelque part.

Je ne peux pas me servir du mot galanterie, car nulle part l'homme n'est plus respectueux de la femme ou de la jeune fille et c'est presque une injure, ici, de laisser errer un regard admiratif sur la silhouette d'une passante.

J'irai un jour voir Charleston. J'irai aussi à La Nouvelle-Orléans qui m'attire depuis toujours et où je suis sûr de retrouver la même grâce nonchalante.

Maintenant, nous voilà en Floride et, après avoir vu le coton succéder aux plantations de tabac, nous voyons le coton faire place à la canne à sucre, aux orangers, aux pamplemousses, aux citronniers, et aux bananiers.

Tout le long de la route, ce ne sont que lourdes branches d'orangers surchargées de fruits presque pourpres. L'océan est à notre gauche, que nous allons suivre sur des centaines de milles, avec son eau tiède, sa frange d'écume et sa plage de sable si fin et si blanc que de loin il a l'aspect du béton.

C'est ici, d'ailleurs, à Daytona Beach, que le major Campbell vient périodiquement battre les records de vitesse en auto et les voitures peuvent librement rouler sur la plage.

Les petites villes ne sont plus qu'un fouillis de plantes tropicales parsemées de maisons en bois ou de maisons à l'espagnole et plusieurs fois, dès que je quittais la grand-route, j'ai eu l'impression de me retrouver à Tahiti, d'autant plus que bientôt la plage est bordée de cocotiers.

Quant aux habitations des Noirs, souvent bâties sur pilotis, avec une véranda de trois côtés, elles sont exactement les mêmes que celles qui ont remplacé, en Océanie, les anciennes huttes en pandanus.

Les couleurs sont graves et profondes, l'air chaud et immobile, le soleil éclatant.

Je m'étais émerveillé, pendant les premiers temps de cette randonnée, de voir le long des routes américaines beaucoup moins de panneaux-réclames que chez nous et pas du tout de pignons entiers vantant une huile pour automobiles ou un savon.

Mais nous nous rapprochons de Miami, de la Riviera américaine et, comme il fallait s'y attendre, les hôtels commencent à s'annoncer par des panneaux qui ne sont pas toujours discrets.

D'autres panneaux sont plus inattendus et plus pittoresques. Chaque jour une nouvelle attraction nous est vantée pendant des milles et des milles, avec chaque fois mention de la distance qui reste à parcourir pour l'atteindre : *La plus grande ferme de crocodiles du monde – Le plus grand aquarium du monde – Le plus curieux jardin zoologique du monde – Le plus…*

The greatest in the world… Je me souvenais de ce fameux *Désert du Maine* dont je vous ai parlé au début, lui aussi le plus extraordinaire du monde et qui n'était qu'un attrape-nigauds. Je suis tombé sur un autre attrape-nigauds où, après m'avoir refilé quelques souvenirs au prix fort, on m'a permis d'admirer un vieil alligator endormi, trois ou quatre singes au derrière pelé, un chat sauvage, des faisans et des poules.

À cause de cela, j'ai failli rater des spectacles de premier ordre comme *Marineland* qui est bien, je crois, le plus grand aquarium du monde, en tout cas le plus intéressant.

Imaginez une immense piscine entourée de plusieurs étages de corridors dans lesquels vous circulez librement et d'où, par de larges hublots, vous voyez tout ce qui se passe sous les eaux. Vous pouvez aussi voir de haut en bas, en grimpant sur une passerelle, et de bas en haut, en passant sous la piscine même.

Là s'ébattent tous les poissons des côtes atlantiques et du golf du Mexique, non pas séparés les uns des autres, mais tous ensemble, les requins, les pieuvres, les espadons, les poissons les plus biscornus, les plus extravagants, petits et grands, barbus, chevelus, jaunes, rouges ou bleus, rayés, tachetés, pêle-mêle avec les tortues géantes et les marsouins.

Ils se mangent les uns les autres, objecterez-vous ? Justement, c'est ce que l'on a voulu. Donner le spectacle fidèle de la vie sous-marine et, quand une espèce commence à disparaître, on la remplace. Plusieurs bateaux de pêche spécialement équipés sont attachés à Marineland et concourent à cette véritable féerie.

J'y ai passé des heures. J'y retournerai. Mon fils a trouvé sa vocation : il fondera, en Europe, un aquarium semblable et c'est lui qui, vêtu d'un scaphandre, descendra parmi les requins et les tortues, sur le coup de midi, pour nourrir ses pupilles.

Un jardin botanique, plus loin, une jungle, comme on l'appelle, et elle mérite ce nom car elle n'a rien d'artificiel ni d'âpreté, vaudrait qu'on passe des journées à l'ombre des palmiers de toutes sortes, les bambous gros comme des chênes, des arbres d'où pendent toutes les variétés d'orchidées cependant que, dans les ruisseaux, des crocodiles en liberté surveillent jalousement leurs petits à peine éclos.

La côte, maintenant, est séparée de la mer par un lagon qu'on appelle l'Indian River. Des ponts, souvent, enjambent ce lagon aux ramifications multiples et, sur tous ces ponts, je vois des hommes, des femmes, des enfants qui pêchent à la ligne et qui sortent sans cesse de l'eau des poissons immenses.

Je résiste mal à la tentation. Si je m'étais écouté, je crois que je n'aurais jamais dépassé le troisième ou le quatrième pont, tant j'enviais ces gens, abrités sous un large chapeau de paille, le torse nu, souvent en maillot de bain, maniant nonchalamment de jolies petites cannes extra-souples, en acier, et tournant leur moulinet.

Un soir, cependant, il a fallu que ma secrétaire intervienne car je me serais arrêté dans des cabines impossibles, où nous n'aurions rien trouvé à manger, tant j'avais hâte d'essayer dans des eaux si miraculeusement poissonneuses mes talents de pêcheur.

Je me suis rattrapé depuis, heureusement, sinon je n'en aurais plus dormi, mais c'est une chose que je tenais à souligner. Je croyais que le Français était le prototype du pêcheur à la ligne, que c'était une caractéristique, presque un vice national. Or, c'est en Amérique, ce pays des gens qu'on dit pressés, que j'ai vu le plus de pêcheurs, au point que sur certains ponts d'ici ils se touchent les coudes et restent des heures entières sous un soleil qui ne le cède en rien au soleil africain.

17

Un cyclone à Miami

Quand nous sommes arrivés à Miami, il était environ cinq heures de l'après-midi et le ciel était comme un métal trop chauffé qui prend des reflets inquiétants. Sans un nuage, il parvenait à être du bleu presque violet des orages tropicaux et je me souviens à peine de buildings, de rues commerçantes, d'une cité blanche dans laquelle, la voiture transformée en étuve, nous roulions à la recherche du bureau de poste et de la *Western Union* sans trouver nulle part un bout de trottoir libre où stationner.

Nous sentions l'écurie. Façon de parler, puisque ce n'était pas chez nous que nous arrivions de la sorte. Mais Miami était le but que nous nous étions assignés, le lieu de rendez-vous des deux voitures, et il y avait plus de trois semaines que nous roulions sans jamais passer plus de quarante-huit heures dans un même endroit, sans ouvrir nos bagages, sans même vider l'auto qui finissait par ressembler vaguement à un campement de romanichels.

J'aurais dû comprendre un signe avant-coureur. Depuis deux ou trois jours nous dépassions sans cesse des voitures de tourisme qui traînaient leur remorque derrière eux.

Donc pas d'hôtel. Nous l'apprenons tout de suite. Tout est retenu pour la saison entière, qui commence dans quelques jours.

Nous avons soif, nous avons faim, nous sommes éreintés, nous avons la tête bourdonnante de soleil, et, pour ma part, ma grande hâte est de remiser la voiture pour quelques jours au moins et, le plus vite possible, de me tremper dans la mer.

Miami est une ville, une grande ville, mais l'endroit de villégiature, Miami Beach, se trouve à dix milles environ, sur une étroite bande de sable entre le lagon et la mer. Nous franchissons des ponts. J'aperçois vaguement un monde de palais blancs, de yachts et de canots automobiles et, au moment où l'obscurité commence, un de mes pneus éclate à un tournant de rue.

On prétend que les pneus en caoutchouc synthétique, les seuls qu'il soit possible de trouver, sont excellents. Ils n'ont qu'un défaut. Ils ne crèvent pas. Ils éclatent. Mon cric fonctionne mal. Des autos nous rasent pendant que nous changeons de roue et, lorsque nous repartons, la nuit est tout à fait noire et nous sommes aveuglés par les voitures qui roulent en procession en sens inverse.

Notre idée est de rouler ainsi jusqu'à ce que nous trouvions des cabines, mais nous parcourons des milles sans rien voir et je suis tellement abruti de fatigue qu'en fin de compte j'arrête devant une maison éclairée pour me renseigner.

Miracle, nous n'avons pas besoin d'aller plus loin. Nous sommes arrivés à un groupe de jolies villas qu'on loue à la semaine ou au mois et qui forment, au bord de la plage plantée de cocotiers, une cité plus que coquette. Pour la semaine prochaine, tout est retenu, mais on peut nous héberger huit jours. Il y a même un superbe nègre qui m'aide à vider la voiture et qui l'emmène au garage.

Un bain, tout de suite, manger n'importe quoi puis dormir, dormir jusqu'à plus soif, sans avoir à penser à l'étape du lendemain.

Nous commençons à exécuter le programme. Je tourne machinalement le bouton de la radio qui se trouve sur la cheminée.

— Ici W.G.B.S., Miami... Un cyclone est signalé à cent soixante milles au sud de Cuba... Sa vitesse, au centre, est d'environ soixante milles et de cent cinquante milles à sa limite extérieure...

9 heures du soir : Nous vous conseillons, dit le speaker, de rester à l'écoute. Nous vous donnerons au cours de la soirée et de la nuit des nouvelles du cyclone. En ce moment, un avion de reconnaissance est parti à sa rencontre et nous attendons des détails d'un instant à l'autre...

10 heures : Les membres de la police et de la Croix-Rouge sont priés de se rendre immédiatement à leur poste.

Vous vous souvenez sans doute des actualités cinématographiques qui nous ont montré périodiquement les effets des cyclones sur Miami. La radio nous rappelle les plus récents cataclysmes, y compris celui qui a fait deux mille morts dans la ville.

— Restez à l'écoute. Il semble bien que le cyclone se dirige sur Miami. À moins qu'il change de route, il sera vraisemblablement ici vers la fin de la nuit. Notre poste continuera à vous donner des détails et des instructions…

Musique, que l'on interrompt de temps en temps pour nous donner des nouvelles. Le cyclone s'avance vers nous à une vitesse de quinze milles à l'heure et sa vitesse de rotation est à présent de deux cents milles. Le sud de Cuba ne tardera pas à être atteint. Un avion part avec des reporters de la radio qui nous offriront tout à l'heure un radio-reportage.

On cloue, autour de notre cottage. Je vais voir. C'est tout le personnel qui est occupé à ajuster de lourds panneaux de bois devant les fenêtres.

11 heures. Des caravanes d'autocars et d'autos sont en route pour Key-West, à cent milles au sud de Miami, où le cyclone est attendu. La mer y devient furieuse. Beaucoup de petits bateaux se sont déjà brisés sur la plage. Tous les aviateurs sont mobilisés d'urgence.

Il pleut à lourdes gouttes. L'air est pesant. On respire mal. Nous venons quand même de vider nos valises et nos malles, de tout ranger dans les armoires et les placards. C'est le moment que choisit notre propriétaire, en maillot de bain sous un ciré, pour venir nous annoncer que nous devrons probablement évacuer vers le matin. La bande de terre sur laquelle Miami Beach est construite est en effet reliée au continent par des ponts qui risquent d'être emportés. Au surplus, un raz de marée est à craindre.

— Tenez-vous prêts. Si l'on doit partir, on partira en cortège. Je vous avertirai à temps.

Et on refait les malles ! Un radio-reporter à la voix sympathique raconte :

— Mes amis, je suis de garde pour la nuit. Je n'aime pas beaucoup rester ici tandis que mes camarades se promènent sur les routes ou il y a quelque chose à voir. Mais le patron l'a décidé ainsi. Vous êtes bien ? On va bavarder. Je vous donnerai aussi de la musique à mon goût. C'est bien mon tour, n'est-ce pas ? Donc, du classique. Un instant. On me signale qu'on a un besoin désespéré de tous les remorqueurs pour sauver des bateaux en danger. Pas demain, pas dans une heure, mais *immédiatement.* Maintenant, un peu de musique.

Je vous donne en mille ce que ce charmant plaisantin nous joue tandis que le baromètre tombe vertigineusement et que le vent se met à courber en deux les cocotiers : la « Danse Macabre », de Saint-Saëns.

À minuit, le président de la Croix-Rouge fait personnellement appel aux volontaires hommes et femmes, pour soigner les victimes éventuelles. À 2 heures, on demande aux propriétaires qui ont des locaux vacants de les mettre à la disposition des autorités pour les transformer en hôpitaux.

On sent que ces gens-là ont l'habitude. Tout est prévu. Tout se passe sans affolement et des avions vont sans cesse reconnaître la marche du cyclone qui a un peu dévié mais qui vient toujours sur nous. Le reporter continue à nous jouer de la musique, à nous raconter familièrement des histoires car le public a été prié de rester à l'écoute toute la nuit.

— Comme l'électricité risque d'être coupée, nous vous conseillons d'aller vite démonter la batterie de votre voiture afin de pouvoir entendre nos appels dans tous les cas…

À 4 heures du matin, on nous demande de remplir d'eau baignoires, brocs et tous récipients, car l'eau sera peut-être coupée, elle aussi.

Je n'ai à peu près rien vu de Miami, je l'ai traversé dans un état de fatigue qui ressemblait à la gueule de bois. Je commence donc par faire connaissance avec le Miami des catastrophes.

— Allô !… Nous vous mettons en communication avec l'avion qui se trouve au centre même du cyclone…

Et nous entendons le vacarme du vent, la voix un peu haletante d'un monsieur qui nous avoue en toute franchise qu'il préférerait être ailleurs.

Les routes du sud de Cuba sont coupées. Le cyclone paraît dévier quelque peu vers l'ouest.

À 9 heures du matin, il devient possible que la tornade ne passe pas par la côte Atlantique, mais qu'elle pénètre dans les terres par le golfe du Mexique. Nous avons le temps d'aller aux provisions. On nous le conseille, en nous priant d'en laisser pour tout le monde. Les devantures sont protégées par des panneaux de bois. On achète au plus vite, n'importe quoi.

Puis on attend à nouveau les communiqués qui, de demi-heure en demi-heure, nous renseignent sur la marche du typhon. L'aurons-nous ? L'aurons-nous pas ? Mon fils souhaite que nous l'ayons. Il est très excité. Il faut toujours tenir les malles prêtes. On évacue en ce moment toutes les plages de la côte ouest de Floride, celles du golfe du Mexique, où l'ouragan est attendu dans quelques heures.

Une nouvelle nuit commence et dans toutes les maisons la radio marche sans répit. Il est probable que Miami ne sera atteint que par le bord du cyclone. Puis on se demande s'il sera même touché. La vitesse du vent, ici, est d'environ soixante milles à l'heure, ce qui n'est déjà pas mal, et il tombe de temps en temps une pluie torrentielle.

On y est !... Tampa commence à prendre... Le cyclone pénètre dans les environs de la ville... On annonce déjà, en millions de dollars, les pertes qui vont être subies, entre autres par le fait que c'est la semaine prochaine que commence la cueillette des oranges et que la récolte sera vraisemblablement perdue.

Or, il n'en est rien. Pour cette fois, par exception, la Floride ne sera presque pas touchée. Au moment de s'y abattre, le cyclone ralentit sa course, sa vitesse de rotation descend à cent cinquante, à cent milles. Il ne passera pas ici et ce sont les villes situées plus au nord qui sont mises en état d'alerte. Pour ces villes-là, qui ne sont pas si loin, que nous avons traversées les jours précédents, le danger reste pressant.

Mais nous n'en tournons pas moins le bouton de la radio et nous allons dormir.

Puisque nous n'avons pas eu à en souffrir, il n'y a pas eu de cyclone et nous déballons une fois de plus nos affaires.

18

Le paradis terrestre où les milliardaires s'ennuient

Lorsque nous nous réveillons, toute trace du cyclone a disparu, les panneaux de bois ont été retirés des fenêtres, le ciel est d'un bleu uni où nagent quelques nuages lumineux et la mer, à vingt mètres de nous, d'un vert amande, sans une ride, vient nonchalamment lécher la plage blanche.

Nous pouvons alors nous rendre compte que le hasard nous a conduits dans le cadre le plus raffiné qui puisse être mis à la disposition des touristes. Un vaste living-room, aux murs vert pale, est garni de meubles en bois sablé qui pourraient figurer dans une exposition d'arts décoratifs. Deux belles chambres comportent, dans un style frais et harmonieux, tout le confort désirable, y compris d'immenses placards munis d'un système de ventilation et doublés entièrement, en prévision des mites et autres insectes, de bois de cèdre. Les deux salles de bains sont, elles aussi, le dernier mot du confort, et la cuisine contient tous les ustensiles imaginables.

— Je vous défie, nous avait dit le propriétaire, de me citer un seul objet qui manque dans votre cottage.

Nous avons cru le prendre en défaut en cherchant en vain une râpe à fromage, car ici on achète plus souvent le fromage râpé en flacon. Le propriétaire est venu et nous l'a dénichée dans un coin où nous ne l'avions pas vue.

Extérieurement, notre groupe de menues villas forme une cité ravissante. Elles sont toutes différentes, encore que dans un même style qui rappelle assez le style provençal. Entre elles, assez d'espace, des pelouses, des vasques de mosaïque où nagent des poissons dorés, des allées aux belles dalles rouges vernissées. Des cocotiers, de tous côtés, se balancent comme des éventails et il y en a le long de la plage privée qui, chaque matin, est ratissée avec soin.

Pas une faute de goût, je vous l'assure. Et à notre gauche, à notre droite, il y a d'autres groupes du même genre, chacun avec ses jardins, ses cocotiers, ses pelouses et sa plage.

Je m'informe enfin du prix et on me répond le plus naturellement du monde :

— À partir de la semaine prochaine, ouverture de la saison, c'est treize cents dollars par mois… Cette semaine encore, je vous laisserai le loyer à cent dollars par semaine.

Cent trente mille francs par mois, vous avez bien lu. Un million cinq cent mille francs par an environ pour deux chambres, un *living-room* et une cuisine. Et tout est loué ! Tout Miami est loué à partir du 1er novembre ! Inutile d'y venir et de compter sur votre bonne étoile.

Or, Miami Beach est immense, comporte plus de villas que Cannes, Nice et toute la Côte d'Azur réunis.

Enfin, celle-là où le hasard nous a conduits est, en définitive, une des plus modestes. Je ne connais pas le prix des autres. J'aime mieux l'ignorer, car je crains le vertige. Tout le long de la plage, le long des lagons, se dressent, non plus des villas mais de vastes demeures qui méritent le nom de palais, avec leur port privé où sont amarrés des yachts et des canots automobiles, leur parc et leurs pavillons de domestiques.

De ces résidences-là, il y en a des centaines, des milliers. Les hydravions privés atterrissent à vingt mètres, de l'entrée. Et des hôtels, partout, qui tous paraissent neufs, sont du luxe le plus raffiné.

Tout paraît neuf, voilà la caractéristique la plus frappante de Miami. Et tout est neuf sans doute. Tout est moderne. Rien n'est encore terni. Le décor n'est pas gâté, comme à Nice ou à Ostende, par des villas style 1900 ni par des bâtiments utilitaires.

Tout est si nouveau et si riche, si parfait de goût presque toujours, si clair, si net, qu'on donnerait gros, parfois, pour dénicher une bicoque aux murs branlants, une boutique sale qui sentirait mauvais.

Les avenues sont plantées de cocotiers ou de palmiers royaux et, à longueur de journée, le service de la voierie ramasse les noix de coco. Le long des trottoirs, il y a, tous les six mètres, une tige de métal soutenant une drôle de machine à sous. Si vous voulez stationner, si vous avez la chance inouïe de trouver un endroit disponible, il vous suffit, pour être en règle, de glisser dans la fente de l'appareil autant de fois cinq *cents* que vous comptez rester de demi-heures.

Dans la principale avenue, presque aussi large et longue que les Champs-Élysées, tous les magasins de luxe de New York et même de Londres, voire de Paris, ont une succursale et il n'y a rien, je pense, que vous ne puissiez trouver.

Ces magasins, ces restaurants, ces bars sont, bien entendu, climatisés et il y fait si frais qu'en y pénétrant en sueur vous risquez le rhume de cerveau ou la bronchite.

Tout est propre, tout est beau, tout est riche, rien, nulle part, ne vous rappelle que des hommes se penchent sur le sol pour le labourer, que d'autres, sous terre, brisent le charbon dans la mine, que des populations entières ont faim ou froid. Les serviteurs nègres eux-mêmes sont prospères. C'est une aristocratie qui ne travaille que quelques heures par jour et qui possède ses propres cottages loin de la ville.

Un Paradis terrestre, en somme, le Paradis terrestre des milliardaires. Et pourtant vous serez étonné de la simplicité des gens que vous rencontrerez. Je ne parle pas des voitures sur lesquelles, aux États-Unis, personne ne se retourne.

Mais vous chercherez en vain ici un endroit comparable aux « planches » de Deauville, à la Potinière ou à la Croisette. Ces gens qui dépensent des fortunes en quelques jours sont vêtus de *slacks* (pantalons légers) et d'une chemise en toile ou en coton. Vous les voyez qui pêchent à la ligne sur les ponts mais nulle part n'existe l'endroit « chic » selon nos mœurs européennes où certaine société riche vient se montrer à certaines heures.

Je vous ai parlé de plages privées. Elles sont toutes privées, y compris celles des hôtels, et on n'y fait guère parade, en dehors de quelques commerçants enrichis et surtout de leurs épouses plantureuses.

On possède une villa, un yacht, que sais-je, et on vit chez soi, ou l'on organise des « partys » pour quelques amis.

La vie publique n'existe pour ainsi dire pas aux États-Unis. Pas de terrasses de café où l'on se détend et où l'on est sûr de rencontrer des amis. Quand on veut voir des gens, on organise une *party*. Une *party*, c'est beaucoup de cocktails et de whisky, de la musique, des danses et le reste, jusqu'à satiété, dans tous les coins et derrière les rideaux.

Celui qui n'aime pas cela va tout bonnement s'acheter une bouteille d'alcool au *package store* qui reste ouvert toute la nuit et rentre chez lui pour la boire.

Il y a des *night-clubs*, évidemment, autrement dit des boîtes de nuit, mais peu en proportion de la population, et on n'y va pas pour se montrer ou pour s'y rencontrer entre gens d'un certain monde, en dehors, toujours, de la dernière fournée des nouveaux riches qui fait ses classes.

Le ciel est bleu. La mer est verte, délicieusement tiède tout l'hiver, le décor est peint à neuf et ratissé chaque matin et vous pouvez, sans vous déranger, vous procurer tout ce que produit l'univers du travail.

Et on s'ennuie. Je suis sûr qu'on s'ennuie et je n'en veux pour preuve que ce besoin lancinant de beuveries en commun ou de beuveries solitaires. Car on ne boit pas ici pour le plaisir de boire. On ne boit pas parce que le vin est bon ou la liqueur délectable. On ne déguste pas un Mouton Rotschild ou un Château-Margaux, mais on se tasse quarante onces de whisky.

On boit des « onces » à tant de degrés, comprenez-vous ? pour se saouler plus vite. Faute, c'est évident, de pouvoir se divertir autrement ?

Miami est, sans conteste, j'en demande pardon aux tenants de la Côte d'Azur, la plus belle plage du monde en tant que plage, en tant que ville, en tant qu'habitations. Comme disait mon propriétaire, je vous défie de trouver quoi que ce soit qui y manque.

Sinon, peut-être, la possibilité de s'y sentir encore des hommes. À moins de quelques *drinks* qui vous permettent de vous attendrir sur votre sort, sur celui de votre voisin, ou de casser la gueule au monsieur qui vous regarde de travers.

19

« Ici l'on pêche »

Nous ne sommes restés qu'une semaine à Miami. Nous avons pris la route pour notre dernière étape, la traversée de la Floride par l'intérieur des terres, afin d'atteindre la côte ouest, c'est-à-dire le golfe du Mexique. Deux cent cinquante milles environ, quatre cents kilomètres, dont près de la moitié dans un authentique désert.

La route, en effet, traverse d'immenses marais aux plantes baroques et inquiétantes, sans que nulle part un peu d'ombre ne vienne intercepter un soleil écrasant. L'eau d'un canal, l'eau des marigots, lourde et comme sirupeuse, sert d'abri à toute une faune aquatique qui se révèle par de grosses bulles qui montent crever à la surface, par des « ploufs », par des sillons qui se dessinent à chaque instant. C'est pourri d'alligators, de serpents d'eau, de quoi encore ? Et les herbes, au bord du chemin, pleines de chardons dont on se débarrasse avec peine, crépitent d'insectes avides de votre sang.

Il vaut mieux ne pas tomber en panne car, sur une distance de cent cinquante kilomètres environ, il n'y a pas une maison, pas un être humain, pas un abri. Et on nous a prévenus que les serpents à sonnette sont les hôtes les plus habituels de ces parages, avec quelques autres reptiles qu'on prétend plus dangereux encore.

Des vautours tournoient dans le ciel, s'abattent sur les bêtes que les autos ont écrasées, mais il y a aussi des bandes de flamants roses aux lignes gracieuses et aux tons de coquillage.

Nous retrouvons enfin la mer avec ses centaines de milles de sable fin et ses dunes couvertes de cocotiers et de palmiers.

Sarasota, la cité du cirque, la ville où les cirques viennent hiverner, bêtes et gens, et où les diverses troupes se reforment au printemps pour rayonner à travers les États d'Amérique. Ils ne sont pas encore là. Ils n'arriveront que dans quinze jours.

Une visite à la Chambre de Commerce, qui tient lieu de syndicat d'initiative.

Quarante-huit heures après, nous sommes installés.

Imaginez une île qui n'est qu'une longue bande de sable, dix à quinze kilomètres de long sur cinq cents mètres à peine, entre le lagon et la mer. Une végétation touffue et souvent impénétrable, car les plantes tropicales s'ornent volontiers de piquants. Une route, qui mène d'un bout de l'île à l'autre et, à chaque bout, un village, un hameau plutôt, bureau de poste, garage, épicier-boucher, restaurant et *cocktail-loungue.*

Enfin, par-ci par-là, un peu à l'écart de la route, tantôt le lagon, tantôt sur le large une maison, une maison en bois, presque toujours bâtie sur pilotis.

Je n'ai rien vu qui ressemble davantage à Tahiti, et la ressemblance est augmentée par des milliers de crabes de sable, comme en Océanie, gros crabes blancs qui ne vivent pas dans l'eau mais dans les dunes et qui, dès le crépuscule, vous poursuivent avec acharnement et vous plantent volontiers leurs pinces aiguës dans la chair.

Cela ressemble à Porquerolles aussi, par le laisser-aller de la population qui fait son marché en *slip* ou en maillot de bain.

Nous n'avons pas cinquante mètres à parcourir pour être dans la mer ou pour pêcher au lancer de la plage. Et, au bout de l'île, on a construit une jetée spéciale, longue et large, avec, au bout, un vaste toit, un débit de coca-cola et de sandwichs, pour les pêcheurs à la ligne.

Ceci encore figure assez bien la jetée de Porquerolles, ou de Cassis, ou de tel petit port de Méditerranée. Dès six heures du matin, les plus enragés sont à leur poste, abrités d'un chapeau de paille ou d'un casque colonial, le corps demi-nu et bronzé, des hommes de tous les âges, beaucoup avec des poitrines velues ou de gros ventres de gobis.

Les femmes sont encore plus nombreuses, plus enragées, surtout les vieilles qui arborent les tenues les plus ahurissantes, des pyjamas rayés, des chapeaux grands comme des ombrelles.

On finit vite par se connaître. On se dit bonjour, on échange quelques mots. On sait que telle dame est dangereuse comme voisine parce qu'elle s'obstine à pêcher au lancer et qu'elle atteint généralement la ligne de ses voisins. On observe tel pêcheur solitaire et muet qui prend plus de poissons que les autres. S'il pêche avec de petits crabes, on l'imite. S'il lance la cuiller, c'est que c'est l'heure du maquereau.

Je ne connais rien de moins américain dans le sens que l'Europe donne à ce mot que notre île et sa population. C'est plus colonial comme aspect que, par exemple, Libreville, au Gabon. La jetée, par contre, avec son va-et-vient de pêcheurs mâles et femelles en chienlit est aussi attendrissante que tel coin des bords de la Seine « où l'on pêche ».

À la différence qu'ici on prend du poisson, des poissons de toutes tailles, certains pesant plus de cinquante kilos, des bons et des mauvais, des épineux, des rayés, des verts et des bleus, des poissons qu'on décroche avec infiniment de précaution, car il en est de venimeux.

Les bons, ceux qui se mangent, on les met dans un sac que l'on plonge dans l'eau. Les autres couvrent bientôt le plancher de la jetée et de temps en temps un brave vieux, la bouche éternellement gonflée par une chique de tabac, comme le Mathurin des dessins animés, passe avec une brouette en fer et les ramasse.

Les fines cannes d'acier se plient sans arrêt, les corps se ploient aussi sous le poids des belles prises comme sous une pluie d'orage. C'est le petit poisson, le frai, qui monte à la surface, au moment du renversement de la marée. Les pélicans accourent en troupes et s'abattent sur l'eau, suivis par des centaines de mouettes.

On lance les lignes sans répit, et sans répit aussi on ramène du poisson qu'on laisse tomber au petit bonheur sur la jetée, quitte à le ramasser plus tard.

Il y a quelques jours, j'ai vu une ombre glisser silencieusement, longue et noire, à quelques centimètres de nos lignes, passer et repasser avec une aisance merveilleuse. C'était un requin-marteau de plus de quatre mètres qui venait nous regarder pêcher. Mon voisin, en lançant la cuiller, a accroché un pélican qui s'est laissé ramener sur le pont et qui a attendu patiemment qu'on parvienne à le libérer.

C'est calme et familier. C'est gentiment petit-bourgeois, en dépit des requins et des serpents à sonnette. La côte ouest de la Floride est, en somme, à Miami et à la côte est ce que Porquerolles, Sanary, Cassis, Bandol sont à la Côte d'Azur.

Ici, il n'y a ni buildings, ni villas somptueuses. Nous avons une ville à quinze milles à gauche et une autre à vingt milles à droite, de belles villes aux avenues ombragées, aux magasins bien achalandés, mais ces villes elles-mêmes gardent une allure bon enfant. Tenez, à Sarasota, sur le pont qui relie la ville à la plage en enjambant le lagon, une municipalité prévoyante a aménagé des sortes de balcons, avec un banc dans chacun, pour les pêcheurs à la ligne.

Si vous voulez la grande pêche, celle que l'on voit au cinéma, si vous désirez, à la ligne, sortir de l'eau un poisson de cent cinquante à deux cents kilos, après avoir lutté avec lui plusieurs heures, louez un de ces petits bateaux à moteur, et, dans moins d'une heure, vous aurez un tarpon à votre hameçon.

Le marchand de légumes passe chaque matin avec une vieille camionnette et donne de petits coups de klaxon devant chaque maison. Le ramasseur de poubelles est gradué de Harvard. Il y a aussi le marchand d'eau, car l'eau du robinet a un léger goût de soufre. De l'autre côté du pont qui nous relie à la terre ferme, des nègres en rang travaillent aux plantations de canne à sucre et d'autres, à l'aide de petits tanks, qui vous renversent un arbre comme un vulgaire piéton, défrichent une forêt encore presque vierge.

Vous pouvez vous promener sur la plage infinie pendant une heure sans apercevoir un humain, mais, pendant ce laps de temps, vous pourrez, si le cœur vous en dit, ramasser une collection de coquillages plus beaux les uns que les autres.

Et le miracle c'est que tout ceci, cette bonhomie et ce laisser-aller, ces mœurs de petits-bourgeois parmi les requins et les serpents, le miracle, dis-je, c'est que tout ceci soit encore l'Amérique.

Parce que l'Amérique est si multiple qu'on n'a qu'à choisir. Et c'est sans doute à cause de cela qu'il est difficile d'en parler.

Là-haut, dans le Maine, des phoques se prélassaient sur les plages et les chasseurs, dans les forêts, poursuivaient l'ours et l'orignal.

Ici, on pêche le tarpon et on tire les alligators.

Nous avons traversé des villes ultra-modernes aux rues rectilignes, numérotées avec soin, et nous voici dans des maisons bâties sur pilotis comme celles des Maoris.

Chacun qui débarque, après être passé devant la statue de la Liberté, peut, en quelque sorte, choisir l'Amérique qu'il désire. Il est à peu près sûr de la trouver. Que ce soient les faubourgs hantés de gangsters, les petites villes puritaines, les palais de milliardaires, les cafétérias où l'on se nourrit en rang devant un comptoir nickelé, que ce soient les plantations du Sud aux nègres nonchalants, les réserves d'Indiens et les lacs immenses, la fièvre de Broadway la nuit, ou la fièvre diurne de Wall Street, tout y est, de même que dans les magasins on trouve sans exception tout ce qui est annoncé sur le catalogue.

Il y a surtout une chose qui ne ment pas.

C'est la statue de la Liberté, et chacun s'en aperçoit dès qu'il en a fini avec les formalités tatillonnes de l'Immigration. Si elles sont tatillonnes, c'est qu'en effet, une fois cette barrière franchie, vous jouirez, dans le pays le plus vaste et le plus riche de la terre, d'une liberté que rien ne viendra plus entraver.

Dès que vous aurez plongé dans la foule, personne, désormais, ne s'occupera de vous, à moins que vous n'enfreigniez les lois.

J'ai parcouru plus de cinq mille kilomètres et je n'ai aperçu qu'une seule fois une de ces fameuses autos de la police que les films nous montrent invariablement. Jamais une seule ne s'est inquiétée de savoir si j'avais mes papiers, ni d'où je venais, ni où j'allais, ni ce que je comptais faire.

Vous êtes ici ? Bon. C'est donc que vous avez le droit d'y être. Vous bénéficierez automatiquement du préjugé favorable. Ce n'est pas à vous de prouver que vous êtes en règle, ou que vous êtes innocent. C'est aux autorités de prouver que vous êtes coupables.

Vous êtes norvégien, russe, français, italien ? Vous ne parlez que votre langue natale ? À votre aise. Tirez vos plans. Personne ne vous empêche d'ouvrir boutique si bon vous semble ou de choisir n'importe quelle profession.

Parce qu'au fond l'Amérique sait bien que, dans peu de temps, quelle que soit votre race, vous serez un Américain cent pour cent parce qu'elle a confiance dans sa force d'assimilation.

Partout, à la campagne comme dans les villes, vous trouvez des îlots italiens, polonais, arméniens, que sais-je ? Il arrive qu'entre eux les gens parlent leur langue. Il leur arrive aussi d'évoquer le vieux pays et d'en conserver une certaine nostalgie.

Mais demandez-leur ce qu'ils sont. Ils vous répondent invariablement, même s'ils sont ici de dix ans à peine :

— Américains…

Parce qu'ils ont goûté à un genre de vie qui, quoi qu'on en dise, tient compte plus qu'aucun autre de la dignité de l'homme.

Parce qu'ils sont libres, vraiment libres, dans le sens le plus large du mot, libres de penser, de dire et d'écrire ce qu'ils veulent, libres de vivre comme ils veulent et que, par surcroît, tous les espoirs, y compris les plus fous, leur sont permis.

Parce que enfin, ici, on s'efforce de mettre les découvertes de la science et ce que l'on appelle le progrès, non à la portée d'un petit nombre, mais à la portée de tous, de sorte que l'Américain se sent, dans le vaste monde, un être privilégié.

Peut-on lui en vouloir s'il en conçoit quelque orgueil ?

Il ne faut pas oublier, voyez-vous, surtout nous, Français qui sommes à juste titre fiers de notre histoire, que bien avant notre révolution, dès 1776, alors que dans tous les autres pays du monde les hommes s'appelaient encore des « sujets », quand ce n'étaient pas des serfs ou des esclaves, quelques milliers d'individus, ici, qui avaient franchi l'Atlantique afin de pouvoir penser à leur guise, ont décidé de se gouverner eux-mêmes, d'être tous égaux et libres, et ont fondé, dans un magnifique élan de foi dans les destinées humaines, le premier gouvernement du peuple, par le peuple, pour le peuple.

Slogan ? Il vaut, en tout cas, toutes les autres devises et je pense, pour ma part, que nul n'a le droit d'en sourire.

Bradenton Beach, Floride, 3 novembre 1946.

Notes de voyage

1

La police en Arizona

Mon cher préfet,

M'en voudrez-vous si ce n'est ni un article, ni un conte que je vous envoie pour les lecteurs de « Vigilat… » ? M'adressant aux fonctionnaires de la Préfecture de police, que je me permets de considérer comme des amis, un article me semblerait guindé, solennel. Et quelle outrecuidance ce serait de présenter un conte à des gens qui vivent quotidiennement les histoires les plus passionnantes et les plus humaines !

Ce n'est qu'une lettre que je vous adresse pour eux, une sorte de carte postale sans prétention, avec l'arrière-pensée, je l'avoue, que, si ces bavardages d'au-delà des mers les intéressent ou les amusent, je « récidivrais » volontiers.

Aujourd'hui, il s'agit à peine d'une anecdote. Dans l'Arizona, où j'ai vécu trois ans, la vie ressemble encore aux films de cow-boys, avec des villes à 100 kilomètres et plus les unes des autres, de rares villages qui ne sont souvent qu'une pompe à essence et un comptoir où l'on vend de tout au bord de la route.

En dehors des grands centres, la police est assurée par le sheriff du comté. Vous en avez vu au cinéma : feutre à large bord, pantalon collant, ceinture de cuir ornée de deux gros revolvers et d'un rang de cartouches, sans oublier, sur le sein gauche, la large étoile d'argent.

Chaque sheriff a le droit de s'adjoindre un certain nombre d'aides, ou deputy-sheriffs, les uns professionnels, les autres bénévoles. J'ai été, comme la plupart des ranchers, un de ces derniers.

Souvent, une auto volée, par exemple à Los Angeles, traversait l'Arizona en trombe pour franchir la frontière mexicaine proche de chez nous. Ou bien c'était un prisonnier qui s'échappait du pénitentier de Yuma et tentait de gagner, par la route ou les sentiers de montagne, la même frontière ; et certains de ces derniers étaient des desesperados, prêts à tuer pour se frayer leur chemin.

Dans un cas comme dans l'autre, le processus était, est encore, à peu près invariable. De Tucson, où il a son quartier général, le sheriff téléphone à un des ranchers :

— Attention ! Une auto volée roule en direction de Nogalès. Telle marque. Telle couleur. Tel numéro d'immatriculation.

Puis, presque toujours, la mention :

— L'homme est armé.

Ou encore :

— Individu dangereux.

Sans perdre de temps, le rancher appelle à son tour trois ou quatre voisins, parfois davantage, au bout du fil, ranchers et deputy-sheriffs comme lui, et chacun, pour l'occasion, épingle l'étoile à sa chemise, arme son colt, saute dans sa voiture ou sur son cheval.

Ainsi, après quelques minutes, sur 100 ou 200 kilomètres de route à travers le désert, des embuscades se dressent de distance en distance.

Chez tous les policiers d'occasion, aucune colère, aucune haine.

Un homme a enfreint la loi. Un individu est devenu une menace pour la communauté. Il s'agit de l'empêcher de nuire.

On arrête les voitures qui passent. On examine les occupants.

Quand l'auto volée tente de franchir de force le barrage, des coups de feu éclatent, visant les pneus.

L'auto fait une embardée, se retourne dans le fossé ! On se précipite. Si l'homme est blessé, on le soigne et il est rare qu'une bouteille plate remplie de whisky ne sorte pas d'une poche à son intention.

— Reste tranquille. Le sheriff va arriver. Et une ambulance.

Si l'homme tire, ma foi, on tire aussi. Tranquillement. Parce qu'il le faut. En évitant dans la mesure du possible de le tuer.

Après quoi, le sheriff étant enfin sur les lieux, on bavarde un peu. On boit un coup. On remonte à cheval ou en voiture.

Au retour, la femme demande :

— Vous l'avez eu ?

On fait oui de la tête et on s'occupe du bétail.

Vous voyez, mon cher Préfet, ce n'est pas un roman policier. Tout juste un petit croquis griffonné.

Croyez-moi votre respectueusement et amicalement dévoué.

Georges Simenon.
Lakeville, 1952.

2

Deux instantanés sur la vie américaine

Deux « instantanés » pris dans la vie de tous les jours qui est bien différente de la vie américaine telle que Hollywood la montre aux spectateurs du monde entier.

La première est une scène si familière qu'on ne la remarque plus et qui se reproduit chaque matin dans la plupart des villages et des villes.

Planté au milieu de la rue, un enfant de 8 à 13 ans, casque blanc sur la tête, brassard à la manche, sifflet entre les lèvres, brandit un disque tantôt blanc, tantôt rouge, tandis que les files d'autos s'arrêtent ou repartent à son commandement.

Ce n'est pas un gamin qui joue au policier. C'est un petit bonhomme grave, pleinement conscient de ses responsabilités, de qui personne ne pense à sourire.

Il y en a comme lui, choisis chaque jour parmi les élèves, réglant le trafic à l'entrée et à la sortie des classes de la majorité des écoles. De sorte que l'on pourrait dire que chaque Américain a été sergent de ville au moins une fois dans sa vie.

Est-ce pour cela qu'il est volontiers respectueux des règlements de la route ? Probablement pas. Et il existe des chauffards comme ailleurs, surtout le samedi soir, à la sortie des bars, encore qu'ils risquent gros, que conduire en état d'ivresse est une offense grave, qu'il ne s'agit pas seulement de marcher droit, ni de ne pas bégayer pour prouver qu'on est sain d'esprit, mais qu'une prise de sang fournit à la police le compte exact de l'alcool ingurgité.

L'Américain moyen n'en est pas moins docile, comme le prouve cet autre instantané, celui-ci aussi de tous les jours, de toutes les nuits : un carrefour isolé en pleine campagne, en pleine forêt ou en plein désert, sans une maison à vingt milles à la ronde, sans une auto en vue, à plus forte raison sans un piéton et sans agent, naturellement. Une voiture arrive et, parce qu'un feu rouge vient de s'allumer, n'en stoppe pas moins dans la solitude, attendant patiemment que la lumière tourne au vert.

Un souvenir enfin. Un soir, j'arrive à Monterey, petite ville côtière de Californie. Fatigué d'avoir conduit près de huit cents kilomètres, je laisse mon auto au bord du trottoir sans m'apercevoir qu'à cet endroit la bordure est peinte en jaune, ce qui signifie que les voitures particulières n'ont pas le droit de stationner.

Lorsque je reviens, je trouve un papier sous mon essuie-glace. Une contravention ? Pas exactement. La carte, imprimée, dit en substance :

« Vous êtes étranger à notre ville (ils ont appris ça par ma plaque d'immatriculation) et nous vous y souhaitons la bienvenue espérant que vous vous y plairez. Nous vous recommandons en particulier la visite de… (ici l'énumération des curiosités touristiques locales).

« Nous vous signalons cependant qu'il est interdit de stationner à l'endroit où vous l'avez fait et qu'en cas de récidive nous serions dans l'obligation de vous infliger une contravention. » C'est signé du chef de police. C'est tout.

Pour "Vigilat" avec mes amitiés

[illegible]

nov. 1952.

L'odeur de l'Amérique
(1958)

Lorsque je vivais dans le Connecticut, un peu à l'écart d'un bourg paisible, j'entendais chaque matin, vers dix heures, des sons qui m'étaient devenus aussi familiers que ceux du poêle que ma mère chargeait de charbon, dans mon enfance, pour préparer le café et les œufs au lard du petit déjeuner. Cela commençait par un ronronnement de moteur dans l'allée, par le grincement des ressorts fatigués d'une camionnette. Puis une portière claquait et c'était alors la musique inattendue d'une petite trompette qui n'était pas sans rappeler celle de certains chefs de gare.

Tandis que notre cuisinière s'avançait avec ses paniers, Gino rabattait un côté de la camionnette, découvrant une sorte de boutique ambulante, des cageots d'aubergines, d'artichauts, de choux et de navets, des pêches, des poires, des raisins, sans oublier, dans un coin, les bidons dorés d'huile d'olive fruitée venant tout droit de Gênes ou de Naples.

De l'ail pendait en grappes tressées ; des oignons rouges et blancs ; des odeurs me parvenaient par la fenêtre ouverte, celles du basilic, du thym, de la sauge, du romarin, de toutes les herbes méditerranéennes dont notre marchand de légumes était abondamment pourvu.

Cela peut surprendre, lorsqu'on a entendu parler d'une Amérique utilitaire et inodore, et pourtant, partout à travers les États-Unis, j'ai retrouvé des Gino, des Marco, des Alfredo dont les noms de famille étaient Pinella, Ricci, Santoro, Nigra, Bellini, Foglia, Zanni ou Vivalda.

Sur un continent où tous les « vieux pays » sont représentés, chacun, dirait-on, a apporté sa marque, son originalité, son génie, et si tout cela s'est plus ou moins fondu pour former un tout caractéristique, on peut néanmoins, dans une grande ville américaine comme dans les campagnes, retrouver comme une géographie de l'Europe.

Il n'est pas tellement exagéré de dire, par exemple, que les Irlandais ont fourni à la police ses plus forts contingents, que les Scandinaves se rencontrent plutôt parmi les médecins et le personnel de maîtrise des grandes entreprises tandis que les Israélites, outre la radio et le cinéma, ont la quasi-exclusivité de certains commerces, comme la chaussure et le vêtement. Un coiffeur pour dames, peu importe dans quel pays il est né, se doit de porter un nom français ; les Polonais fournissent la main-d'œuvre des usines, les Allemands quatre-vingts pour cent des voyageurs de commerce.

Tout ceci n'est pas exact, bien entendu. Le brassage ne date pas d'hier et l'on trouve, partout, à chaque degré de la hiérarchie sociale, des gens de toutes les origines.

Les Italiens, pourtant, ne sont-ils pas ceux dont l'apport est le plus apparent et, à mes yeux, sinon le plus important, tout au moins le plus savoureux ?

C'est vrai, comme le racontent les journalistes européens, que la campagne, où l'on ne voit pas de fumier et où les étables sont soigneusement désinfectées, n'a plus d'odeur. C'est vrai que les grands magasins d'alimentation, où tout se vend en boîtes, sous cellophane ou congelé, ont perdu le parfum des boutiques d'antan.

Mais, dans chaque rue, dans chaque petite ville, dans chaque campagne, vous allez voir, au-dessus d'une porte, le mot « Pizza » en lettres lumineuses rouges ou bleues ; les restaurants, les bars, s'appellent « Luigi's », « Napoli », « Roma », etc.

Si ce sont des maçons italiens qui ont édifié les fameux gratte-ciel et qui les ont recouverts de blanc travertin importé d'Italie, ce sont des Italiens aussi qui se sont chargés de nourrir une population pressée et qui, petit à petit, ont fait, de leur cuisine nationale, la base de la cuisine d'un pays nouveau.

Pizzas, spaghetti, ravioli, minestrone, pistou, cèpes séchés, soupes de coquillages, crevettes grillées au basilic, vous les retrouverez dans les plus petites bourgades d'Amérique et partout aussi vous découvrirez, près du grand magasin stérilisé, une boutique étroite où pendent les mortadelles, les jambons et les salamis, à côté du rouge profond des piments et des fiasques de chianti.

Ils ont introduit en Floride et en Californie l'orange et l'artichaut, planté, tout le long de la côte du Pacifique, des vignes dont ils tirent le vin.

Ils sont des millions qui travaillent ainsi à fournir le boire et le manger à l'énorme Babylone et, dans leur arrière-boutique ou dans leur ferme, autour de la table familiale, où ils parlent entre eux la langue du vieux pays, on pourrait les croire dans leur village du Piémont, des Pouilles, de Toscane, dans les ruelles de Naples ou de Palerme.

Ils ont apporté avec eux les odeurs familières de la Méditerranée, le goût des herbes et des épices, celui aussi des petits métiers, de l'artisanat, du travail en famille, et c'est pourquoi je me souviens avec tendresse de Gino conduisant sa camionnette de porte en porte tandis que son père, avec un camion, se chargeait du ramassage sur les lieux de culture et que sa jeune femme, dans une petite ville voisine, vendait, elle, fruits, légumes, huile d'olive et anchois derrière son comptoir.

C'est presque une tradition que le maire de New York soit de souche italienne. Un quartier de la plupart des grandes villes s'appelle Petite Italie et le saucisson de Bologne, naturalisé, est devenu un plat national américain sous le nom de « boloney ».

La plus grande banque de l'Ouest a été fondée par un nommé Gianini, il y a des Italiens au Sénat et sans doute aussi parmi les savants atomiques.

Pour ma part, j'avoue que j'apprécie davantage l'apport de l'Italie sous la forme des chaudes et rassurantes odeurs de cuisine.

22 mai 1958.

Table

Le Livre de Poche s'engage pour l'environnement en réduisant l'empreinte carbone de ses livres. Celle de cet exemplaire est de :
200 g éq. CO_2
Rendez-vous sur www.livredepoche-durable.fr

PAPIER À BASE DE FIBRES CERTIFIÉES

Composition réalisée par FACOMPO (Lisieux)

Achevé d'imprimer en juin 2013 en France par
CPI BRODARD ET TAUPIN
La Flèche (Sarthe)
N° d'impression : 73487
Dépôt légal 1re publication : juin 2013
LIBRAIRIE GÉNÉRALE FRANÇAISE
31, rue de Fleurus – 75278 Paris Cedex 06

31/6379/7